Hans-Martin Lübking (Hrsg.)
Von Woche zu Woche
Kurzandachten

Hans-Martin Lübking
(Hrsg.)

Von Woche zu Woche

Kurzandachten

Patmos Verlag Düsseldorf

Die Deutsche Bibliothek – CIP-Einheitsaufnahme

Von Woche zu Woche : Kurzandachten / Hans-Martin Lübking (Hrsg.)
– 1. Aufl. – Düsseldorf : Patmos-Verl., 1998
ISBN 3-491-70301-8

1. Auflage 1998
Umschlagbild: W. Krabal, Stockholm
Umschlaggestaltung: Volker Butenschön, Lüneburg
Satz: Fotosatz Moers, Mönchengladbach
Druck und Verarbeitung: Clausen & Bosse, Leck
ISBN 3-491-70301-8

INHALT

DIE AUTORINNEN UND AUTOREN

Heinz-Georg Ackermeier, Jahrgang 1946, Landespfarrer der Männerarbeit der Evangelischen Kirche von Westfalen in Schwerte-Villigst

Christoph Berthold, Jahrgang 1943, Superintendent des Kirchenkreises Paderborn

Dr. Heinrich Halverscheid, Jahrgang 1940, Dozent am Pädagogischen Institut der Evangelischen Kirche von Westfalen in Schwerte-Villigst

Ulrich Kämmerer, Jahrgang 1951, Dozent am Pädagogischen Institut der Evangelischen Kirche von Westfalen in Schwerte-Villigst

Gerd Lautner, Jahrgang 1940, Superintendent des Kirchenkreises Gladbeck–Bottrop–Dorsten

Dr. Hans-Martin Lübking, Jahrgang 1948, Direktor des Pädagogischen Instituts der Evangelischen Kirche von Westfalen in Schwerte-Villigst

Dr. Detlef Reichert, Jahrgang 1944, Superintendent des Kirchenkreises Gütersloh

Dr. Werner Max Ruschke, Jahrgang 1948, Ephorus des Predigerseminars der Evangelischen Kirche von Westfalen in Soest

Andrea Seils, Jahrgang 1961, Schulreferentin des Kirchenkreises Bielefeld

Günter Törner, Jahrgang 1957, Studienleiter am Pädagogisch-Theologischen Institut der Evangelischen Kirche von Kurhessen-Waldeck in Kassel

VORWORT

Es gibt einen zunehmenden Bedarf an Vergewisserung. Denn in der Informationsgesellschaft macht sich Orientierungslosigkeit breit. Zwar verdoppelt sich alle vier Jahre das weltweit zur Verfügung stehende Sachwissen. Doch dadurch wird nicht klarer, woran wir uns halten können. Was ist wichtig, was ist unwichtig?

Die Wochensprüche des Kirchenjahres bieten Orientierung an. Sie versammeln die biblische Tradition in ihrer ganzen Breite. Von den Psalmen bis zur Offenbarung des Johannes schlagen 20 alttestamentliche und 44 neutestamentliche Texte einen thematischen Bogen von Advent über Weihnachten und Ostern bis zum Erntedankfest und zum Totensonntag. Sie beschreiben Erfahrungen, die das Leben erst reich machen, und erinnern an biblische Einsichten, die nicht verloren gehen sollten.

»Von Woche zu Woche« enthält 64 Kurzandachten westfälischer und hessischer Pfarrerinnen und Pfarrer. Mal mehr erzählend, mal reflektierend zeigen diese Andachten, wie aktuell die biblischen Texte für alltägliche Lebenssituationen, aber auch für gesellschaftliche Konfliktfragen sein können. Die Andachten können bei Geburtstagen und in Krankenzimmern, bei Ausschußsitzungen und in Gemeindegruppen vorgetragen, sie können aber auch, von Woche zu Woche, zur persönlichen Vergewisserung gelesen werden.

Hans-Martin Lübking

1. ADVENT

Siehe, dein König kommt zu dir, ein Gerechter und ein Helfer. (Sacharja 9,9)

Am 13. März 1938 zieht Adolf Hitler unter Glockengeläut in die Stadt Wien ein. Hunderttausende säumen die Straßen. Ein Spalier von Fahnen, Blumen und Tränen, Schreien und Begeisterung. Eine Million Menschen stehen auf dem Heldenplatz und jubeln dem Führer zu: »Heil, Heil!« Eine Woge der Euphorie geht durch das ganze Land. Eine Demonstration der Macht, der sich kaum jemand entziehen kann.

Doch am selben Tag fliehen andere über die Grenze oder verkriechen sich in ihren Häusern, weil sie wissen: Bald werden sie kommen, die neuen Herren. Und sie kommen: Universitätsprofessoren müssen mit bloßen Händen die Straßen fegen; fromme, weißbärtige Juden werden von johlenden Burschen gezwungen, Kniebeugen zu machen.

Die einen weinen vor Rührung, die anderen werden verhaftet. Ist es so nicht immer, wenn die Macht ihren Einzug hält? Napoleon, Hitler, die Rote Armee in Prag, die Generäle in Chile, die Amerikaner in Panama … Erst kommt der Jubel – oder auch nicht, und dann füllen sich die Gefängnisse.

»Siehe, dein König kommt zu dir, ein Gerechter und ein Helfer. Sanft ist er und reitet auf einem Esel. Er schafft die Streitwagen ab in Jerusalem und ganz Israel, und er stiftet Frieden unter den Völkern.«

Ein ganz anderer Einzug! Ohne Gewalt; auf einem Esel, dem friedlichen Transportmittel für Zivilisten; kein Tier, um Macht zu demonstrieren. Eine Demonstration der Demut, ohne Marschmusik und Soldatenstiefel. Und dennoch eine Machtergreifung! Die erste Amtshandlung: Entmachtung des Militärs – und dann die Proklamation des Friedens!

Ist das realistisch? Läßt sich so etwas durchsetzen?

Stefan Heym erzählt in seinem Roman »Ahasver«, daß damals in Jerusalem auch Ahasver, der »ewig wandernde Jude«, in der Menge gestanden habe, als Jesus auf dem Esel einzog. Ahasver sieht schon voraus, wie es weitergehen wird: Nach dem »Hosianna« das »Kreuzige ihn«, nach dem Jubel das

Scheitern. »Raffe dich auf und kämpfe«, will er dem einziehenden Jesus zurufen, »was veränderst du schon als armer König auf dem Esel?«

Und doch hat keiner die Welt mehr verändert als dieser Bettlerkönig! Hätte er gekämpft damals, keiner würde ihn heute mehr kennen. Hätte er Gewalt angewendet, er hätte nur Gewalt produziert – und Opfer. Gewaltlos war er stärker als seine Gegner. Gewaltlos nicht aus Angst, sondern aus Freiheit. Ans Kreuz genagelt hat er noch die Freiheit, für seine Feinde zu beten. Ein merkwürdiger König, der Macht hat allein durch sein Leben, durch sein Beispiel. Kein König zum Bejubeln, aber einer zum Mitgehen.

»Siehe, dein König kommt zu dir, ein Gerechter und ein Helfer.« Dieser Vers aus dem Buch des Propheten Sacharja ist der Wochenspruch zum 1. Advent. Advent – früher eine stille Zeit, jetzt die umsatzstärksten Wochen im Jahr. Sie beginnen schon im Oktober, wenn die Lebkuchen und Christstollen in den Läden Einzug halten. Schon am Totensonntag steht der Weihnachtsmarkt. Und die Fußgängerzonen sind an den Wochenenden drauf schwarz voller Menschen. Doch sie jubeln nicht, sie hetzen und drängen, sind genervt und nerven sich selbst. So viel muß eingekauft, so viele Geschenke müssen besorgt werden: für Angehörige, für Arbeitskollegen, für Kegelfreundinnen.

»Ich bin so beschäftigt, ich komme überhaupt nicht mehr zu mir selbst. Wir fahren nach Weihnachten ein paar Tage weg, dann komme ich endlich zur Ruhe«, so höre ich es oft. Advent – das war ursprünglich eine stille Zeit, eine Zeit der Umkehr. Davon ist nicht mehr viel geblieben. Die vorweihnachtliche Betriebsamkeit hat alles erstickt.

Es kann sein, daß viele es gar nicht mehr anders haben wollen. Aber ich glaube doch, es gibt nicht wenige, denen diese Betriebsamkeit immer mehr auf den Geist geht.

Ich sprach neulich mit dem Geschäftsführer einer Firma: »Der Druck wird immer größer. Wenn wir uns nicht jeden Monat neue Werbekampagnen, neue Absatzstrategien einfallen lassen, sind wir weg vom Fenster. Immer neue Konferenzen, immer neue Vorschläge – und du mußt immer auf der Höhe sein!

Dafür bekomme ich jetzt vor Weihnachten einen freundlichen Brief der Firmenleitung – und nette Geschenke, das gehört dazu. Aber wie es mir wirklich geht, danach kräht kein Hahn. Was ich brauche, das sind nicht warme, aber trügerische Worte von oben, sondern daß mir einer sagt: Du bist hundertprozentig in Ordnung, auch wenn du nicht alles im Griff hast.«

Ich glaube, der Mann hat Recht. Wir brauchen nicht immer neue Aktionen – wir wollen geliebt werden. Wir brauchen nicht immer mehr Unterhaltung – wir wollen ernst genommen werden. Wir brauchen nicht immer mehr Werbung für Sachen, die wir nicht brauchen – wir wollen lieber einfacher, aber dafür ruhiger leben. Wir brauchen auch keine neuen Stars, die wir bewundern sollen – wir brauchen einen, der glaubwürdig ist, auch ohne Glanz und Gloria. Wir brauchen keine neuen Führer, auch keine religiösen, die uns sagen, wo es lang geht – wir brauchen einen, mit dem wir gehen können, freiwillig, und in dessen Nachfolge wir den Frieden finden.

»Siehe, dein König kommt zu dir, ein Gerechter und ein Helfer.«

Er nimmt dir die Waffen aus den Händen und die Unruhe aus deinem Herzen.

Amen.

Lieder: Macht hoch die Tür (EG 1)
Wie soll ich dich empfangen (EG 11, 1–3.7)

Psalm: 24

Gebet: Komm, Herr Jesus!
So bitten wir bei Tisch, in unseren Häusern,
bitten wir in der Kirche, besonders im Advent.
Und wenn er kommt –
lassen wir ihn hinein, haben wir überhaupt Zeit für ihn, fühlen wir uns nicht gestört?
Nimm von uns, Gott, unsere Unrast und Gedankenlosigkeit, und öffne uns für den, der kommt, um uns zu befreien.
Amen.

Hans-Martin Lübking

2. ADVENT

Seht auf und erhebt eure Häupter, weil sich eure Erlösung naht. (Lukas 21,28)

Katastrophenalarm. Jeden Tag. Nicht in meinem Leben. Aber in der Zeitung, im Fernsehen: Erdbeben im Iran, Überschwemmung in Osteuropa, Flugzeugabsturz in Belgien, Massaker in Algerien. Unaufhörlich werfen immer neue Katastrophen – auch wenn sie andere treffen – Blitz und Donner auf unser eigenes Leben. In diese Wetterlage ruft unser Wochenspruch: Laßt euch nicht bannen von all den Katastrophen. Seht auf und macht – mitten in dieser unheilen Welt – euren Blick frei für das Heil. Laßt euch nicht einschüchtern von all dem Schrecken. Übt den aufrechten Gang. Ihr seid erlöst, und eure Erlösung ist nah. Dabei bleiben wir in schwierigem Gelände. Die Erde bebt und bricht. Die Flut bricht Dämme und Deiche. Nicht nur die Orte sind bedroht. Auch die Zeit ist brüchig, immer vom Ende bedroht. Das gilt für mein Leben und meinen Tod. Das gilt für unseren gefährdeten blauen Planeten Erde. Das gilt sogar noch für das, was wir Universum nennen.

Mir liegt nicht daran, mit Ihnen nun im schier unerschöpflichen Katalog der Katastrophen und Schicksalsschläge zu blättern. Lieber würde ich zuhören, wie aus unserer Runde jemand erzählt, wie für sie und ihn eine Katastrophe zur Herausforderung ins Leben geworden ist, unendlich schlimm im ersten Schock, und endlich doch auch ein heilsamer neuer Weg ins Leben. Ich bin sehr sicher, daß jede Lebensgeschichte solche Spuren hat. Leider unterschätzen oder übersehen wir die oft. Und immer wieder spüren wir auch die freundliche Hand von Jesus Christus, ohne sein Gesicht zu erkennen. Er nimmt uns das nicht übel, aber uns täte es gut, den Freund zu erkennen und im Vertrauen zu wachsen.

In meiner ersten Gemeinde hat mich, den jungen Pfarrer, ein Liebespaar, wann immer ich die beiden traf, fröhlicher und reicher gemacht. Mann und Frau hatten eine zurückhaltende und doch leuchtende Zärtlichkeit füreinander. Er und sie waren keine Schönheiten – aber zusammen waren sie ein wirklich schönes Paar. Ich kannte die Frau von meinen Anfängen in der Gemeinde. Damals hatte ich ihren Mann beerdigt. Nach glücklichen Jahren hatte eine tückische Krankheit den geliebten Mann genommen. Sie war sehr allein zurückgeblieben. Die Ehepaare in der näheren Bekanntschaft erfuhr sie als wenig hilfreich. Sie verletzte sich an ängstlicher Eifersucht und zog sich zurück. In einer Eisdiele in der City hatte sie den alten Bekannten wiedergetroffen. Der war schon lange Witwer; er verstand, was die Frau erlebt hatte.

Die beiden hatten ihre Katastrophen erlebt, eine mit dem Tod des geliebten Menschen, eine unerwartete weitere mit dem Zusammenbruch ihrer bisherigen Beziehungen. Die neue Freundschaft gab ihnen einen kostbaren Neuzugang zum Leben und zur Liebe. Manche Nachbarn warfen Schatten auf die Beziehung, fanden sie ungehörig. Aber die Kinder von beiden Seiten konnten sich mitfreuen – das war dem Paar wichtig. Zum Wohl der Kinder und Enkel – sprich: zum Erhalt beider Renten – wollten die zwei auch nicht mehr heiraten. Das konnte ich gut verstehen. Gern hätte ich den beiden Gottes Segen zugesagt. Ich und manche andere fanden, daß der aus dem Leben der beiden herausleuchtete. Aber Staat und Kirche standen dem im Wege.

Bei meinen Besuchen waren sie einige Male zu zweit. Da habe ich sie ermutigt, ihnen auch gesagt, wie sie mir Mut machen in meinem Glauben, Leben und Lieben. Das hat sie dann immer eine Spur verlegen gemacht. Sie waren glücklich miteinander, aber sie fühlten sich nicht als Vorbilder für andere. Mir aber bleibt die Erinnerung kostbar, und sie hält meine Hoffnung wach, daß die Kerzen, die wir im Advent anzünden, wirkliche Zeichen sind, Lichtzeichen für das, was geschieht, für alles, was Gott mit uns vorhat. Jesus Christus kommt, um uns frei zu machen fürs Leben. Er kommt, und wir vertrauen darauf, daß er zu uns kommt.

Amen.

Lieder: Wir warten dein, o Gottes Sohn (EG 152)
Seht, die gute Zeit ist nah (EG 18)
Seht auf und erhebt eure Häupter (EG 21)

Psalm: 80, 2–7.15–20

Gebet: Gott, wir finden es schauerlich, wenn dem Herodes am gedeckten Tisch das Haupt von Johannes dem Täufer serviert wird; aber wir haben uns sehr wohl daran gewöhnt, daß Zeitung und Fernsehen uns jeden Tag noch viel schauerlichere Geschichten servieren. Laß uns aufsehen auf Jesus Christus, daß wir die nahe Erlösung suchen und sehen und bei ihm Vertrauen und Lebenskraft gewinnen.
Amen.

Gerd Lautner

3. ADVENT

Bereitet dem Herrn den Weg; denn siehe, der Herr kommt gewaltig. (Jesaja 40, 3.10)

»Kommen« und Advent passen gut zueinander. Das mit dem »gewaltig« auch? Welche Gedanken stehen dahinter, was denke ich selbst über mein Verhältnis zu dem, was Gewalt ausmacht und was mit ihr zusammenhängt? Die Diskussionen über Gewalt und Gegengewalt, wie sie vor zwanzig Jahren geführt wurden, sind verebbt; die Gewalt ist geblieben.

Mancher ist sicher in der Zwischenzeit innerlich froh gewesen in der Meinung, die Diskussion los zu sein, sie gut in einer Schublade vergangener Fragen verstaut zu haben. Tatsächlich ist etwas anderes passiert: Gewalt, auch im Denken, erlebte eine subtile Renaissance und streift die Subtilität zunehmend ab. Gewalt hat sich etabliert und den Charakter von Normalität zurückgewonnen.

Wir leben mit den Bildern von Kraft und Gewalt und haben sie in die Wortgewohnheiten unserer Sprache eingebaut von Entschlossenheit und Effizienz über Coolness und Durchsetzungsvermögen zu Härte und echten Powerleuten, zum Lob aggressiver Strategien, und was sie möglich macht.

Eines Abends überlegten meine Frau und ich, was für ein Musikinstrument wir unserer siebenjährigen Tochter zum Lernen schmackhaft machen könnten, und kamen über das Stichwort Unterricht nebenbei auf Judo und Karate. Und das funktionierte bei uns beiden ganz automatisch wie Gitarre und Querflöte: Musikalische Erziehung klar, Selbstverteidigungskurs klar; beides so automatisch klar, daß wir erst einen Moment brauchten, um zu merken, was da schon längst vorher in unseren Köpfen passiert war.

Warum Jesaja die Gewaltlosigkeit des Auftretens des Herrn bei seinem Kommen lobt, und was das zu tun hat mit meiner Adventszeit, der Vorbereitung auf Weihnachten? Was das, zugegeben auch mir, gemalte Bild von der Gewalt Gottes erst einmal so attraktiv macht?

Ich denke, es ist die Hilflosigkeit der Gewalt gegenüber, die uns umgibt, die wir kennen, die wir assimilieren.

Mir scheint, Jesaja ist hier nicht weniger hilflos. Gewaltig kommt der Herr im Beginn des Verses 10, und der Sieg, den sein Arm schafft, wird am Versende besungen. Aber völlig unvermittelt und unverbunden setzt Jesaja dann im nächsten Vers das Bild vom Hirten daneben, der seine Herde weidet, der die Lämmer trägt und sanft die Mutterschafe leitet.

»Bereitet dem Herrn den Weg.« Nicht Gottes Gewaltigkeit gehört in meinen Adventskalender, sondern Gottes Kommen. Ihm den Weg zu bereiten heißt für mich auch, etwas von der alten Sensibilität wieder aufzuspüren den Gewalttätigen gegenüber und den Gewalttaten bis hin zu den Gewalttätigkeiten unserer Wörter. Ich halte das für einen lohnenden Versuch, die letzte ganze volle Woche vor dem Christfest von Montag bis Sonntag mich der wieder salonfähig gemachten Gewalt so bewußt wie nur möglich zu entziehen, das heißt sie wahrzunehmen und zu streichen.

Übrigens wird unsere Tochter, was uns angeht, weder Judo noch Karate lernen, und daß in ihrem Adventskalender weder Raketen noch Batmans hinter den Türchen auftauchen, darauf achten wir schon etwas länger.

Bereitet dem Herrn den Weg, die Werkzeuge dazu sind die Kraft seiner Verheißung und die Hoffnung auf seine Verläßlichkeit. Mancher Weg läßt sich damit ebnen in der einen Woche vor Weihnachten und in den folgenden einundfünfzig auch: »Bereitet dem Herrn den Weg, denn siehe, er kommt.«

Amen.

Lieder: Mit Ernst, o Menschenkinder (EG 10, 1–2)
Psalm: 85, 8–12
Gebet: Es ist das große Fest Deiner Liebe zu uns
Menschen, auf das wir zugehen.
Die kleinen Schritte und Anfänge hast Du
uns in die Hände gegeben.
Bewahre uns in dem Vertrauen darauf,
daß Du uns beides zusammenhältst,
zum Frieden auf Erden
und zur Ehre Dir in der Höhe.
Amen.

Detlef Reichert

4. ADVENT

Freuet euch in dem Herrn allewege, und abermals sage ich: Freut euch! Der Herr ist nahe! (Philipper 4,4–5)

Freut euch!
  Euch? Ich bin allein!
Freut euch!
  Wie denn, wenn ich Angst habe?
Freut euch!
  Ohne Dach über dem Kopf?
  Ohne täglich Brot?
  Ohne zu wissen, was werden wird?
Freut euch!
  So einfach. Einfach so.
  Einer sagt's. Der andere tut's.
  Warum auch nicht?
Freut euch!
  Ist schon lange her.
  Da lebte mein Mann noch.
  Wir waren eine glückliche Familie.
  Da hatten wir Zeit füreinander.
  Da war ich noch gesund.
  Da konnte ich in meinem Beruf arbeiten.
  Da waren die Kinder noch zu Hause.
  Da stimmte es in unserer Ehe.
Freut euch!
  Worüber?
  Über die Sonderangebote?
  Den freien Parkplatz?
  Über die neue Diät?
  Das gesunde Fleisch vom Öko-Bauernhof?
  Über den Schaden des Nachbarn?
  Über den Erfolg des BVB im Europapokal?

Freut euch! Der Herr ist nahe!
  Ich kann nichts erkennen.
  Die Weihnachtsbeleuchtung blendet mich.
  Überall Licht. Glanz und Gloria.

Freut euch! Der Herr ist nahe!
Der Herr. Welcher?
Es gibt so viele.
Herren in grauen Anzügen.
Mit Handy und gut rasiert.
Immer geschäftig und durchtrainiert.
Freut euch! Der Herr ist nahe!
Etwa die Herren Politiker,
die uns von den Wahlplakaten entgegen lächeln
mit wortreichen Versprechen auf den Lippen,
dabei im Bunde mit den Herren Wirtschaftsbossen
doch das sieht man nicht.
Der Herr ist nahe!
Sagst du.
Doch »die im Dunkeln sieht man nicht«.
Wem kann man heute noch glauben?
Leben versprechen sie alle.
Doch jeder meint etwas anderes damit.
Der Herr ist nahe!
Wie gerne würd' ich's glauben.
Ihn begrüßen. Ihn willkommen heißen. Wie gerne.
Doch wo begegne ich ihm?
Wie kann ich ihn erkennen?

Der Herr ist nahe!
Der Herr ist arm, elend und krank.
Und stirbt am Kreuz.
Wird erschlagen, ermordet, getötet.
Stirbt an Einsamkeit, an Hunger, an Krankheit.
Wird übersehen, mißhandelt, verachtet,
belogen und betrogen.
Quält sich mit Zweifel, hofft auf Erlösung,
hat Angst vor dem Tod.
Der Herr ist nahe!
Nahe denen, die ihn brauchen.
Ihr Leiden ist sein Leiden –
Auch heute noch.
Freut euch! Der Herr *ist* nahe!
Amen.

Lieder: In dir ist Freude (EG 398)
Ich lobe meinen Gott (EG 638)
Psalm: 1. Samuel 2,1–10: Lobgesang der Hanna
Gebet: Mein Gott,
Dir vertraue ich mich an.
Meine Sorge ist Dir nicht verborgen.
Meine Hoffnung gründet auf Deiner Liebe.
Durch sie kommst Du den Menschen nahe.
Wirst uns gleich und schaffst so Errettung.
Mein Gott und Herr,
Dir will ich danken, Dich will ich preisen.

Günter Törner

WEIHNACHTEN

Das Wort ward Fleisch und wohnte unter uns, und wir sahen seine Herrlichkeit. (Johannes 1,14)

Weihnachten war vorbei, und Dieter mußte wieder zur Arbeit. Wie immer stieg er in die Straßenbahn und suchte sich einen Sitzplatz im hinteren Wagenteil.

Alles war wie immer: An den Fenstern klebte die Warnung vorm Schwarzfahren, die Reklame für das Umweltticket, der Silvesterfahrplan ... Nur das kleine Plakat neben dem Ausstieg schien ihm nicht mehr zu passen. »Gott wurde Mensch und lebt unter uns. *Frohe Weihnachten.*« – »Gehabt zu haben!« murmelte Dieter vor sich hin. »Das Plakat haben die wohl vergessen. Weihnachten ist doch vorbei.« Dabei klopfte er mit der flachen Hand auf seine Aktentasche, als wolle er diese Tatsache bestätigen. »Was soll das überhaupt bedeuten? Gott – Mensch – unter uns ... Das könnte ja jeder sein. Womöglich hier, jetzt in dieser Straßenbahn.« Dieter zog die Stirn in Falten.

Und als wollte er diesen Gedanken einer kritischen Prüfung unterziehen, begann Dieter die Leute zu mustern: da vorn die dicke Alte mit dem großgeblümten Kopftuch. Sie schmatzte geräuschvoll und entblößte dabei große goldene Zähne. Würde Gott so unter uns leben? Vielleicht. Oder könnte es nicht doch eher dort die junge Frau mit den lebendigen Augen sein: Sie hatte so ein freundliches Gesicht, und ihre Hände wirkten sanft. Ihm zumindest würde sie gefallen. Sie hatte so etwas Anrührendes. Die Frau schien seine Blicke gespürt zu haben und drehte sich zu ihm hin. Ihre Augen sprühten verächtlich. Dieter fühlte sich ertappt und guckte schnell wieder auf das kleine Plakat: »Gott wurde Mensch und lebt unter uns.« – Aber sicher würde er nicht so giftig gucken wie diese Frau! Oder etwa doch?

Dieter gefiel dieser Gedanke nicht. Er suchte nach einer freundlicheren Erscheinung. Zum Beispiel der Mann dort mit der hohen Stirn, dem die Brillengläser beschlugen? Oder die kleine Frau mit den grauen Haaren?

Durch eine dumpfe Musik wurde Dieter in seinem Nachdenken unterbrochen. Ein Jugendlicher in der hintersten Reihe hörte sie lautstark über einen kleinen Kopfhörer. Dabei bewegte er rhythmisch seinen Oberkörper. Als Dieter sich mit mißbilligend hochgezogenen Augenbrauen nach ihm umdrehte, hob der Junge zwei Finger zum Gruß und grinste ihn an. Dieter fand das unverschämt. Gleichzeitig schoß ihm die Frage durch den Kopf, ob Gott, um als Mensch unter Menschen zu leben, womöglich sogar die Gestalt dieses Jungen annehmen würde. Aber Dieter konnte sich nicht vorstellen, daß Gott *solche* Musik mochte.

Die Straßenbahn hielt an, neue Fahrgäste stiegen zu. Schwer beladen mit Reisetaschen drängte sich eine Frau durch den Gang, setzte sich auf den freien Platz neben dem Jungen mit dem Kopfhörer und hantierte umständlich mit ihren Taschen. Hilfesuchend guckte sie zu dem Jungen. Wortlos und ohne mit seinen rhythmischen Bewegungen aufzuhören, griff der eines der Gepäckstücke und nahm es auf seinen Schoß. Die Frau lächelte ihm dankbar zu.

»Gott wurde Mensch und lebt unter uns ...« Dieter, der die Szene beobachtet hatte, drehte nachdenklich den Kopf zur Seite. Mit dem Ärmel wischte er über das beschlagene Fenster. Schemenhaft erkannte er sein eigenes Gesicht.

Amen.

Lieder: Suchen und fragen (Mein Liederbuch 2, B 137)
Wir haben Gottes Spuren festgestellt (EG 648)

Psalm: Johannes 1, 1–18 in der Übertragung von Jörg Zink (Stern über dunklem Land, Stuttgart 1988, 19–23)

Gebet: Gott, Du kamst aus der Ewigkeit in unsere Zeit, aus der Heiligkeit in unseren Alltag. Du hast überwunden, was getrennt war. Du wurdest Mensch, damit wir erleben können, wie nah Du uns bist. Jeder Mensch, dem wir begegnen, kann uns nun an Dich erinnern. Gott, wir bewundern Dein Einfühlungsvermögen und Deine Phantasie. Wir bitten Dich, hilf uns menschlich zu sein im Umgang miteinander – um Deiner Menschlichkeit willen.
Amen.

Andrea Seils

SILVESTER

Barmherzig und gnädig ist der Herr, geduldig und von großer Güte. (Psalm 103,8)

Jahresende: Zeit der Inventur und der Bilanz in der Geschäftswelt. Das Vorhandene wird gezählt und überprüft. Soll und Haben werden miteinander verglichen, Gewinn und Verlust gegeneinander aufgerechnet. Da wird festgestellt, inwieweit die geschäftlichen Ziele erreicht wurden. Da erwägt man, wie Verluste abgeschrieben und künftig vermieden werden können. Die Zahlen unterm Strich können Erfolg bedeuten, aber auch Schwachstellen aufzeigen. Mancher versucht, seine Bilanz zu beschönigen oder gar zu verfälschen, doch oft ist das nur der erste Schritt zum Konkurs. Auf Dauer kann im Geschäftsleben nur bestehen, wer sich selbst und andern nichts vormacht. Und egal, ob Gewinne oder Verluste überwiegen, das Bilanzbuch muß sauber sein.

Jahresende: Zeit des Innehaltens und Rückblickens auch im persönlichen Leben. Und auch dabei werden Bilanzfragen gestellt. Was habe ich im vergangenen Jahr erreicht? Was hat mich bereichert? Wen habe ich bereichert? Über welche Verluste klage ich? Für welche Verluste bin ich, für welche sind andere mitverantwortlich? Wen habe ich an den Tod verloren im zu Ende gehenden Jahr? Wen habe ich verloren gegeben? Wen schreibe ich als Verlust ab? Welche Erwartungen wurden enttäuscht? Welche Erwartungen sind hinzugekommen? Welche Hoffnungen haben sich als trügerisch erwiesen, und von welchen Hoffnungen habe ich ganz Abschied genommen? Welche Hoffnungen sind mir neu gewachsen? Wo war ich Opfer, wo Täter? Wo habe ich etwas versäumt, wo versagt? Wo bin ich anderen etwas schuldig geblieben?

Mancher beschönigt im Rückblick die eigene Lebensbilanz oder verfälscht sie gar. Doch wer auf Dauer sich und anderen etwas vormacht, tut den ersten Schritt zum inneren Konkurs, auch wenn nach außen hin alles erfolgreich erscheint.

Wer verantwortlich von einem Jahr ins andere gehen will, erspart sich nicht die Mühen eines ehrlichen Jahresrückblickes. Und egal, ob Gewinne oder Verluste überwiegen, das Lebensbilanzbuch muß sauber sein.

Jahresende: Zeit zum Innehalten und Rückblicken auch mit den Augen des Glaubens. Die Augen des Glaubens gehen davon aus, daß Gott in unserem Leben Spuren hinterläßt. Die Augen des Glaubens machen sich auf die Suche nach den Spuren Gottes im eigenen Leben und in dieser Welt. Und die Augen des Glaubens wagen es, in aller Mehrdeutigkeit diese Spuren Gottes zu erkennen und zu benennen. Das ist ja das Eigenartige an Gottes Spuren, daß sie fast immer nur im Rückblick auszumachen sind, daß sie erst mit Abstand erkannt werden können. Das Wissen aber darum, wie Gott in der Bibel mit einzelnen Menschen und mit seinem Volk handelt, kann mir die Augen für die Erkenntnis öffnen, wo und wie Gott heute in meinem Leben gehandelt hat.

Wo Barmherzigkeit erfahren wird, da sind Gottes Spuren. Das Wort Barmherzigkeit enthält beides: erbarmen und herzlich. Da, wo Menschen mir herzlich begegnet sind, wo ich ihre Wärme, ihre Nähe, ihren Herzschlag erfahren habe, da sind Gottes Spuren. Da, wo sich Menschen meiner erbarmt haben, wo sie auf mich Rücksicht genommen, mit mir Nachsicht geübt haben und wo sie mir hilfreich zur Seite standen, da sind Gottes Spuren.

Wo Gnade erfahren wird, da sind Gottes Spuren. Das Wort Gnade kommt sprachlich von genahen. Da, wo Menschen den ersten Schritt auf mich zu getan haben, wo sie Distanz verringert, Nähe gewährt und Vertrauen geschenkt haben, da sind Gottes Spuren. Und da, wo Menschen mir gegenüber nicht auf ihr Recht gepocht haben, sondern Gnade vor Recht ergehen ließen, da sind Gottes Spuren.

Wo Geduld erfahren wird, da sind Gottes Spuren. Da, wo Menschen mich geduldet, mich ausgehalten, mich ertragen und getragen haben, da sind Gottes Spuren. Und da, wo Menschen mit mir Geduld hatten, wo sie mir Zeit gelassen, und wo sie mir Entwicklungen zugetraut und gefördert haben, wo sie Hoffnung in mich gesetzt haben, da sind Gottes Spuren.

Wo Güte erfahren wird, da sind Gottes Spuren. Da, wo mir Gutes widerfahren ist, erhofft oder unverhofft, da sind Gottes Spuren. Und da, wo ich jemand als begütigend erfahren habe, wo mir Böses nicht angerechnet, ja wo mir geholfen wurde, Böses in Gutes zu verwandeln, wo jemand sich mit mir und für mich bemüht hat, alles zum Besten zu kehren, da sind Gottes Spuren.

Die Augen des Glaubens wagen es, die Barmherzigkeit und die Gnade, die Geduld und die Güte Gottes spurenhaft zu erkennen in dem, was ich mit Menschen erlebt habe. Wer mit den Augen des Glaubens auf ein abgelaufenes Jahr zurückschaut, der macht keinen »Blick zurück im Zorn«, sondern einen Blick zurück in Dankbarkeit. Und er blickt auch zuversichtlich in die Zukunft. Auch im neuen Jahr will sich Gott als der alte erweisen: barmherzig und gnädig, geduldig und von großer Güte.
Amen.

Lieder: Wir haben Gottes Spuren festgestellt (EG 648)
Der du die Zeit in Händen hast (EG 64)
Psalm: 103, 1–13
Gebet: Gott, vor Dich bringe ich die Erlebnisse und Erfahrungen des vergangenen Jahres: was mich erfreut und was mich traurig gemacht hat, was mich ermutigt und was mich geängstigt hat, was mich aufgerichtet und was mich niedergedrückt hat, was mich nach vorne gebracht und was mich zurückgeworfen hat, was mich glauben und was mich zweifeln ließ. Das alles bringe ich vor Dich und bitte Dich: Wandle es in Segen! Und ich danke Dir, daß ich im vergangenen Jahr Dich als barmherzig und gnädig, als geduldig und von großer Güte erfahren habe.
Amen.

Werner M. Ruschke

NEUJAHR

Alles, was ihr tut mit Worten oder mit Werken, das tut alles im Namen des Herrn Jesus und dankt Gott, dem Vater, durch ihn. (Kolosser 3,17)

Ein neues Jahr liegt vor uns ...

Ein guter Anlaß, inne zu halten, das vergangene Jahr zu bilanzieren, Vorsätze für das neue zu formulieren:

Ich nehme mir fest vor, im neuen Jahr weniger zu rauchen, sagt der Raucher.

Ich nehme mir fest vor, im neuen Jahr mehr Zeit für die Familie zu haben, sagt der erfolgreiche Karrieremann.

Ich nehme mir fest vor, im neuen Jahr öfter »nein« zu sagen, sagt die ehrenamtliche Mitarbeiterin der Kirchengemeinde.

Menschen haben Vorsätze. Menschen machen ernst mit der Überzeugung, daß nicht alles so bleiben muß, wie es ist. Menschen machen ernst mit der Überzeugung, daß sich Dinge verändern, ja daß sich Menschen verändern.

Eine tolle Perspektive für ein neues Jahr! Eine befreiende Perspektive gegen das vorschnelle Gerede von den sogenannten Sachzwängen.

Und dann dieser Text aus dem Kolosserbrief: Alles, was ihr tut, das tut nicht in eurem Namen ...

Fühlen sich eigentlich Menschen angesichts eines solchen Textes noch ernstgenommen – in ihren Vorsätzen, Planungen, Lebensentwürfen?

Ich bin doch schließlich verantwortlich für das, was ich tue oder unterlasse ...

Ich treffe doch schließlich Entscheidungen in meinem Namen ...

Stimmt das jetzt alles nicht mehr?

Soll das jetzt alles religiös verklärt oder überhöht werden?

Genau dies meint der Kolossertext nicht. Im Gegenteil. Der Zusammenhang, in dem unser Vers steht, spricht gerade davon, daß sich Menschen verändern, spricht vom alten und vom neuen Menschen. Zugespitzt in folgendem Bild: Zieht den alten Menschen mit seinen Taten aus und zieht den neuen an. Der Grund, die Basis für den neuen Menschen ist gelegt, ist vorhanden, muß nicht von mir produziert werden.

Diese Basis also gilt es auszuprobieren, gilt es gewissermaßen zu testen. Mein Leben kann menschlicher werden:
- in der Art und Weise, wie ich mit meinem Körper und meiner Gesundheit umgehe,
- in der Art und Weise, wie ich Beruf und Familie einander zuordne und bewerte,
- in der Art und Weise, wie ich eigene Grenzen respektiere.

Meine guten Vorsätze und Absichten sind dann keine beliebige oder unverbindliche Spielerei nach dem Motto: Wenn's klappt, ist es gut; wenn's nicht klappt, was soll's?! Es geht vielmehr um eine ehrliche Bilanz meiner Vorsätze. Es geht darum, sich über erreichte Veränderungen zu freuen und gescheiterte Versuche nicht krampfhaft zu rechtfertigen.

Der Kolossertext meint keine religiöse Verklärung meiner Worte und Werke. Aber mein Leben hat eine Basis und ist nicht von meinen Stimmungen, Enttäuschungen oder Erfolgen abhängig. Wenn ich mein Reden und Handeln »im Namen des Herrn Jesus« verstehe, dann weiß ich, daß die Basis meines Lebens Liebe heißt. Diese Liebe hält es aus, wenn ich scheitere. Diese Liebe gibt aber auch die Kraft zum Neuanfang und zu Veränderungen.

Amen.

Lieder: Der du die Zeit in Händen hast (EG 64)
Von guten Mächten treu und still (EG 65)
Psalm: 8, 2–10
Gebet: Gott, ich habe gute Vorsätze – und ich habe Ausflüchte, Erklärungen, Rechtfertigungen. Ich möchte ehrlich gegenüber mir selbst sein. Gib mir die Kraft dazu.
Amen.

Heinz-Georg Ackermeier

2. SONNTAG NACH WEIHNACHTEN

Wir sahen seine Herrlichkeit, eine Herrlichkeit als des eingeborenen Sohnes vom Vater, voller Gnade und Wahrheit. (Johannes 1, 14)

Wenn wir herrliche Dinge sehen oder erleben, sind wir ganz von ihnen erfüllt. »Ich habe gestern ein herrliches Konzert gehört«, berichtete neulich eine Bekannte. Und durch ihre Schilderung tönte etwas von dem vollkommenen Klang des Orchesters, von dem strahlenden Glanz der Trompeten und den anrührenden Streichermelodien hindurch. Mir kam es vor, als wenn sie beim Erzählen von ihrem musikalischen Erlebnis auf ihrem Stuhl ein Stück höher wuchs. »Lauter Herrlichkeiten« entdecke ich auf dem Markt, wenn dort Gemüse, Obst und Blumen auf langen Tischen üppig ausliegen. Oder im Kaufhaus, besonders in der Parfümabteilung und an den Schmuckvitrinen, in denen besonders dekorative Stücke durch Punkt-Strahler angeleuchtet werden, taucht in mir das Wort »herrlich« auf, allerdings mit dem Beigeschmack von Scheinwelt und Verführung. Ich denke auch an die Herrlichkeit absoluter Herrscher von heute, die mir Angst um den Frieden macht. Und an die Selbstherrlichkeit mancher Menschen, die einen ganzen Raum ausfüllen kann und mich erdrückt.

»Wir sahen seine Herrlichkeit.« – Welche Art von Herrlichkeit haben wir gesehen zu Weihnachten? Die Herrlichkeit von bunten Angeboten und Lichteffekten, die uns in den Fußgängerpassagen in einen unwirklichen Zustand entführten? Die Herrlichkeit eines Festessens, dessen Geschmack uns noch heute auf der Zunge zergeht und dessen Gäste noch in unseren Herzen sind? Oder die anheimelnde Stimmung eines Weihnachtsgottesdienstes, von dem noch etwas nachleuchtet und nachklingt? Hinter all diesen Eindrücken haben wir etwas von der Herrlichkeit des eingeborenen Sohnes gespürt. Was bleibt uns von ihr zwei Wochen nach Weihnachten und darüber hinaus?

Der Wochenspruch sagt uns: Es bleiben *Gnade* und *Wahrheit.* Gnade meint: Gottes Zuwendung an uns hält an. Er bleibt uns treu. Mit ihm, der uns zu Weihnachten in dem Kind nahegekommen ist, können wir rechnen, auch wenn uns die Ungewißheiten des Neuen Jahres unsicher machen wollen. Seine Herrlichkeit drückt nicht nieder, sondern erhebt und stützt uns. Voller Wahrheit ist diese Herrlichkeit. Sie reicht in unsere Wirklichkeit hinein. Sie ist nicht die Herrlichkeit von Glimmer und Scheinwelten. Mitten in den Ereignissen unserer Tage kann sie aufstrahlen und unserem Leben Gewicht geben: wie der Klang einer schönen Musik oder ein prächtiger Kürbis vom Markt in unseren Armen.

Amen.

Lieder: Die Herrlichkeit des Herren (Kanon) (EG 640)
Licht, das in die Welt gekommen (EG 552, 1+6)

Psalm: 150

Gebet: Du, Gott, fern und nah!
Zwei Wochen nach Weihnachten ist uns zumute, als wenn wir von der weiten Aussicht und dem Frieden eines Berggipfels in das enge Tal abgestiegen sind. Das neue Jahr beginnt wie alle Tage zu werden: grau wie gewohnt, unruhig wie üblich. Etwas von Deiner Weihnachtsherrlichkeit möchten wir bewahren: den Nachklang des Engelgesangs oder einen Lichtspalt vom offenen Himmel über dem Hirtenfeld oder einen Hauch vom Lächeln des Kindes in der Krippe.
Amen.

Heinrich Halverscheid

EPIPHANIAS

Die Finsternis vergeht, und das wahre Licht scheint jetzt. (1. Johannes 2,8)

»Die Finsternis vergeht« – ach, wenn es doch schon soweit wäre! Morgens fahren wir im Dunkeln zur Arbeit, nachmittags kommen wir in der Dämmerung nach Hause. Seit zwei Wochen werden die Tage wieder länger, aber so richtig merkt man es noch nicht. Der Tag ist grau, das Herz leicht trübe, und es fällt einem schwer, morgens aufzustehen. Die dunkle, die kalte Jahreszeit hat einen fest im Griff. Vielleicht macht Ihnen das nichts aus, aber ich freue mich doch schon auf die wärmeren, auf die helleren Tage.

»Die Finsternis vergeht« – wenn das einmal wahr würde! Haben Sie die Jahresrückblicke noch vor Augen, die das Fernsehen vor einer Woche präsentierte? Über vier Millionen Arbeitslose, das Flüchtlingselend in Afrika, Kriege und Bürgerkriege auf fast jedem Kontinent, wieder so viele Flugzeugkatastrophen, Anschläge und Geiselnahmen ... Mehr Finsternis als Licht!

Ob es im neuen Jahr besser werden wird?

»Siehe, Finsternis bedeckt das Erdreich und Dunkel die Völker«, heißt es beim Propheten Jesaja. Man ahnt schon, daß der Rückblick auf das gerade begonnene Jahr wohl wieder ähnlich ausfallen wird.

»Die Finsternis vergeht« – und wie ist das bei einem selbst? Die dunklen Tage um den Jahreswechsel bieten sich auch an, nachzudenken und Bilanz zu ziehen: zu viel geraucht, zu viel gearbeitet, zu wenig um die Kinder gekümmert, zu wenig Sport getrieben, Freundschaften vernachlässigt, vielleicht auch zu wenig in die Kirche gegangen. Im neuen Jahr soll es besser werden. Mehr Licht, weniger Dunkelheit auch im eigenen Leben. Ob die guten Vorsätze halten?

Am Anfang des Jahres geht der Blick auch nach vorn. Der Kalender wird herausgeholt, und es wird geplant: der Urlaub, die Feste, die Geburtstage, die Renovierungen, die Ausgaben.

Was bringt das Jahr, wohin geht die Reise?

»Die Finsternis vergeht und das wahre Licht scheint jetzt.«

Heute ist Epiphanias, ursprünglich das alte christliche Weihnachtsfest. Es erinnert an die Geschichte der Weisen, besser: der fremden Magier, die eines Tages einen hellen Stern am Himmel sehen und sich auf die Reise ihres Lebens machen, um schließlich in einer armseligen Behausung ein Kind zu finden, von dem es später heißt: Es ist das Licht der Welt!

Was die Sterndeuter zunächst fanden, sah jedoch nicht nach Licht aus. Sie trafen einen finsteren Herrscher, Herodes, der sie nur scheinbar freundlich empfing, dessen Herz aber voll Angst und Grausamkeit war. Sie fanden ein Kind in einer Notunterkunft, erbärmliche Verhältnisse, unter denen auch heute noch Zehntausende von Kindern jeden Tag geboren werden. Und wenn sie länger in Betlehem geblieben wären, hätten sie ein großes Jammern hören können – über das Blutbad, das Herodes unter den Kindern in Betlehem anrichtete.

Wahrlich, mehr Finsternis als Licht!

Das alles ist jetzt 2000 Jahre her. Die Welt ist auch durch das Auftreten des Jesus von Nazaret nicht von ihren Dunkelheiten befreit, dafür sorgen wir Menschen schon jedes Jahr auf's Neue. Wir jedenfalls sind nicht das Licht der Welt!

Doch es gibt ein Licht, das von Anfang der Welt an strahlt. Alle Religionen sagen: Gott selbst ist Licht. Dieses Licht hält die Welt am Leben. Dieses Licht gibt der Welt Sinn und Wärme. Wir können es verdunkeln, abschaffen können wir es nicht. Wir können manchmal zweifeln, daß es da ist, aber hier und da bricht es auch strahlend wie durch finstere Wolken, am hellsten für mich im Leben des Jesus von Nazaret. Dieses Licht scheint auch jetzt, wie grau die Welt auch sein mag.

Was bringt das neue Jahr, wohin geht die Reise?

Wenn ich als Schüler früher im Winter oft mit dem Fahrrad zur Schule fuhr, sah ich vor mir am Himmel den Morgenstern. Mit der Zeit wurde er mir ein vertrauter Begleiter; ich suchte ihn schon, wenn ich losfuhr. Ich war auf dem Weg nicht allein. Es war wie ein Gruß von dem Licht, das von Anfang an da ist und die Welt erwärmt.

In den Städten ist der Morgenstern oft schon nicht mehr zu sehen, aber er ist trotzdem da. Nehmen wir es als Zeichen. Das neue Jahr wird sicher viele graue, auch dunkle Tage bringen. Aber das Licht ist auch da, es scheint schon jetzt. Folgen wir diesem Licht, dann werden sich die Nebel immer mehr auflösen, die die Welt jetzt so oft trübe und zwielichtig erscheinen lassen.

Amen.

Lieder: Wie schön leuchtet der Morgenstern (EG 70, 1.4)
Die Nacht ist vorgedrungen (EG 16, 1.4)

Psalm: 100 oder Jesaja 60, 1–3. 19–20

Gebet: Das neue Jahr ist erst ein paar Tage alt.
Was es bringen wird? Wir wissen es nicht.
Ob wir es heil und gesund überstehen?
Ob wir bei unseren persönlichen Problemen weiterkommen?
Wir wollen uns nicht grundlos fürchten, Gott,
aber es ist doch eine Beruhigung zu wissen,
daß Du da bist, daß wir nicht mit uns allein sind.
Deine Liebe brennt wie ein Licht in der Dunkelheit
und zeigt uns, daß wir ein Zuhause haben,
in dem wir uns bergen können.
Amen.

Hans-Martin Lübking

1. SONNTAG NACH EPIPHANIAS

Welche der Geist Gottes treibt, die sind Gottes Kinder.
(Römer 8,14)

Manchmal liegt die Wahl des Wochenspruchs haarscharf daneben. So auch bei diesem aus dem 8. Kapitel des Römerbriefes. Da ist die Wahl auf einen klugen Satz gefallen, der in der Lutherbibel fettgedruckt und ohne Zweifel wichtig ist: »Welche der Geist Gottes treibt, die sind Gottes Kinder.« Der Satz klingt gewichtig, weil er große Worte gelassen ausspricht: »Geist Gottes«, »treibt«, »Gottes Kinder«. Aber er läßt mehr offen, als er klärt. Er hinterläßt mehr Fragen, als er Antworten gibt: Woran erkennt man den »Geist Gottes«? Wie, wohin, wozu »treibt« er Menschen? Möchten wir wirklich »Gottes Kinder« sein? Sie spüren vielleicht: Dieser Wochenspruch hört sich gut an, läßt uns aber im unklaren über seinen tieferen Sinn. Deshalb hätte ich mir lieber den gleich darauf folgenden Vers als Motto dieser Woche gewünscht: »Denn ihr habt nicht einen knechtischen Geist empfangen, daß ihr euch abermals fürchten müßtet; sondern ihr habt einen kindlichen Geist empfangen, durch den wir rufen: Abba, lieber Vater!« (Römer 8,15)

Furchtlosigkeit und wohlverstandene »Kindlichkeit« – daran erkennt man die Wirkung von Gottes Geist.

Zugegeben: Auch diese Begriffe müssen erläutert werden. Ich denke, sie sind mißverständlich und werden klarer, wenn man sagt, was sie *nicht* bedeuten. Gefüllt werden müssen sie im Leben, in vielen unscheinbaren, wenig spektakulären Situationen des Alltags.

Furchtlosigkeit – das meint weder, daß ich ohne Angst lebe, noch daß ich mutig bin. Aber ich muß mich nicht einschüchtern, nicht lähmen lassen von möglichen Folgen meines Redens und meines Handelns. Was ich sage und was ich tue, das orientiert sich nicht am Wohlwollen der Mächtigen, Starken, Klugen und nicht am Beifall der Mehrheit. Ich sage, was gesagt werden muß, nenne Unrecht beim Namen, beschönige nichts. Was gut und richtig ist, nenne ich gut und richtig, und falsch und schlecht, was falsch und schlecht ist. Ich lobe, wo gelobt, kritisiere, wo kritisiert, fordere, wo gefordert und ermutige, wo ermutigt werden muß. Ich mische mich ein, wo es nötig ist, mache mich angreifbar, wo es nicht zu vermeiden ist, stelle mich vor, neben, hinter andere Menschen, wo diese meine Nähe, meine Unterstützung, meine Stimme brauchen. Das fällt mir oft nicht leicht, weil ich weiß, daß ich damit riskiere, mich anderen auszusetzen, mich angreifbar, kritisierbar, verletzbar zu machen. Doch die Sache, um die es mir geht, und der Mensch, für den ich mich einsetze, sind mir wichtiger als Erfolg, Ruhm und Zustimmung von allen Seiten. Furchtlosigkeit ist unbequem; billiger, einfacher ist sie nicht zu haben.

Wer furchtlos lebt, ist nicht unbedingt mutig. Öfter als ihm lieb ist, wird es ihm schwerfallen, furchtlos zu reden und zu handeln. Er wird Angst haben, jenes diffuse, so schwer zu erklärende und so schwierig zu bewältigende Gefühl, das lähmen und den Mut nehmen kann, das Richtige und Notwendige zu sagen und zu tun. Wer furchtlos lebt, lebt nicht heroisch, sondern menschlich. Er weiß sehr genau um die Gratwanderung zwischen Erfolg und Scheitern. Er balanciert auf diesem Grat, weil er erfahren hat, daß Gottes Geist freimacht. Diese Erfahrung treibt ihn, und sie trägt ihn. Das ist das eine.

Und das ist das andere: der »kindliche Geist, durch den wir rufen: Abba, lieber Vater!« Von »kindlichem Geist« spricht Paulus, und er meint damit alles andere als kindisches Verhalten. Das wird mir deutlich, wenn ich mich mit dem »Vater unser« beschäftige, und ganz besonders, wenn ich es spreche. Welche Erfahrung, welche Lebensklugheit gehört dazu, dieses Gebet aus ganzem Herzen zu sprechen! Welches Vertrauen und welche Ehrlichkeit! Und welcher Realismus! Welche Einsicht in die Tiefen der menschlichen Seele! Welche Skepsis in die Grenzen menschlicher Fähigkeiten! Und welche selbstkritische Bescheidenheit, die sich in jeder einzelnen Bitte ausdrückt! Wer Gott in dieser Weise als »Vater« anspricht, ist weit entfernt von infantilen Ohnmachtsphantasien und regressiven Schutzbedürfnissen. Der ist nicht kleinmütig, sondern mutig. Der ist stark, weil er seine Schwächen eingesteht. Der ist hilfsbereit, weil er bereit ist, auf Gottes Hilfe zu vertrauen. Der ist furcht-los, weil er sich nicht fürchtet, sich so, wie er ist, Gott anzuvertrauen. Der ist ein Kind Gottes. Furchtlosigkeit und wohlverstandene Gotteskindschaft – daran erkennt man die Wirkung von Gottes Geist. Das steht in dem Vers, der unserem Wochenspruch folgt. Der ihn aber auch begründet. Und erklärt. Aber das ist nur Theorie. Entscheidend ist das Leben. Oder, mit einer alten Fußballerweisheit: »Wichtig ist auf'm Platz«.

Amen.

Lieder: Wie herrlich gibst du, Herr, dich zu erkennen
(EG 271)
(= zu Psalm 8 und Römer 8)
O komm, du Geist der Wahrheit (EG 136)

Psalm: 89, 2–6, 27–30

Gebet: Gott,
uns von Deinem Geist treiben zu lassen
und uns als Deine Kinder zu begreifen,
fällt uns nicht leicht.
Mache uns heute nur ein wenig furchtloser,
und laß uns erfahren, wie befreiend es ist,
wenn wir uns als deine Kinder begreifen.

Ulrich Kämmerer

2. SONNTAG NACH EPIPHANIAS

Das Gesetz ist durch Mose gegeben, die Gnade und Wahrheit ist durch Jesus Christus geworden. (Johannes 1,17)

Am Straßburger Münster stehen zwei berühmte Figuren: »Kirche« und »Synagoge« – in der Gestalt von zwei Frauen. Die eine steht hoch aufgerichtet und selbstbewußt, während die andere, die Synagoge, mit verbundenen Augen den Kopf gesenkt hält. Zwei große Bilder dieser Figuren hingen jahrzehntelang in der Eingangshalle eines traditionsreichen evangelischen Gymnasiums. Niemand schien sich daran zu stören. Doch dann entbrannte ein heftiger Streit. Schüler und Lehrer forderten, die Bilder abzunehmen. Der Schulleiter lehnte dies ab: Die Figuren seien Teil unserer christlichen Kultur, von der man sich nicht einfach distanzieren könne.

Die stolze Kirche – die gedemütigte Synagoge: ein Bild der Überlegenheit! Die Geschichte von Christen und Juden war über zweitausend Jahre nicht nur eine Geschichte christlicher Vorurteile, Feindschaft und Gewalt, sondern auch eine Geschichte christlicher Überheblichkeit: Wir Christen sind besser als die Juden! Die Spur dieser Überheblichkeit reicht zurück bis in das Neue Testament.

»Das Gesetz ist durch Mose gegeben, die Gnade und Wahrheit ist durch Jesus Christus geworden.« So steht es im Johannesevangelium. Hier Mose, dort aber Christus; hier nur das Gesetz, dort aber Gnade und Wahrheit. Man kann versuchen, es historisch zu erklären: Die Gemeinden, die hinter dem Johannesevangelium stehen, bestanden zum größten Teil aus jüdischen Christen. Sie wollten auch Juden bleiben, doch sie wurden aus dem offiziellen Judentum ausgeschlossen. Zugleich wurde Druck ausgeübt: Wie könnt Ihr an einen Messias glauben, der am Kreuz gestorben ist? Es kam zu Abfallbewegungen in den Gemeinden des Johannesevangeliums.

Die jüdischen Christen antworteten mit einer Herabsetzung des jüdischen Glaubens: Jesus ist mehr als Mose; dort ist nur Gesetz, hier aber Gnade und Wahrheit; die Juden sind Söhne des Teufels, die Christen aber Kinder des Lichts.

Eine Auseinandersetzung zwischen Juden, hier nichtchristliche – dort christliche. Später aber, als es in der Kirche kaum noch Juden gab, wurde aus der innerjüdischen Auseinandersetzung ein verletzendes Urteil über eine andere, eine »minderwertige« Religion. Wir sind etwas Besseres als die Juden!

Ohne dieses Überlegenheitsgefühl keine christliche Judenfeindschaft, keine Einsperrung in Ghettos und auch kein Versuch der Nazis, alle Juden zu vernichten. Haben wir diesen Überlegenheitswahn hinter uns? Offenbar nicht! Alle drei, vier Wochen können wir heute noch Schlagzeilen in der Zeitung lesen wie: »Jüdische Grabsteine zerstört«, »Antisemitische Parolen bei der Bundeswehr« oder »Jugendliche pöbelten jüdische Lehrerin an«. Offen wird sich kaum jemand zur Judenfeindschaft bekennen, aber nach vorsichtigen Schätzungen hat auch heute noch jeder fünfte Deutsche antijüdische Einstellungen.

Seit einigen Jahren leben wieder mehr jüdische Menschen unter uns. In manchen Städten werden neue Synagogen gebaut. In Berlin ist die große neue Synagoge zu einer touristischen Attraktion geworden. Aber auch sie muß Tag und Nacht von der Polizei bewacht werden. Und vor dem Besuch der Synagoge findet eine Leibesvisitation statt. Ich weiß noch, wie ich mich geschämt habe, daß all dieses mehr als 50 Jahre nach Auschwitz noch nötig ist. Überlegenheitsgefühle werden einem dabei schnell ausgetrieben!

»Das Gesetz ist durch Mose gegeben, die Gnade und Wahrheit ist durch Jesus Christus geworden.«

Ich war vor einigen Monaten das erste Mal in Israel. Ich habe dabei mehr über das Judentum gelernt, ich habe aber auch deutlich gemerkt, daß es Unterschiede gibt zwischen dem jüdischen und dem christlichen Glauben.

Jerusalem am Sabbat – das ist beeindruckend: Der Autoverkehr ruht, die Läden, auch die Tankstellen haben geschlossen, alles eilt in die Synagogen, darunter viele Familien, groß und klein, um den Sabbat zu begrüßen. Die Religion spielt im öffentlichen Leben eine viel größere Rolle. An vielen Türen hängt die mezuzah, eine Kapsel mit Bibelworten, es ist selbstverständlich, auf der Straße mit Käppchen zu gehen, und es ist kein Tabu, in der Öffentlichkeit mit Gebetsschal und Gebetsriemen zu beten.

Aber es war für mich auch fremd, zu erleben, wie Männer und Frauen vor der Klagemauer und in der Synagoge getrennt waren; zu hören, daß eine Ehefrau eine Scheidung ihrer Ehe selbst nicht verlangen kann – das kann nur der Mann; zu erfahren, daß die Hotelküchen vom Rabbinat kontrolliert werden, ob sie auch die jüdischen Speisevorschriften einhalten.

Ich habe gelernt, daß das Judentum mehr als das Christentum eine Gesetzesreligion ist, mit vielen Vorschriften und Vereinbarungen. Aber die Juden stöhnen nicht unter der Last des Gesetzes. Nein, es gibt das »Fest der Gesetzesfreude«, da werden die Torarollen singend und tanzend durch die Synagoge getragen – und alle sind fröhlich und lachen. Wo gibt es das im Christentum? Da werden einem alle Überlegenheitsgefühle genommen.

»Das Gesetz ist durch Mose gegeben, die Gnade und Wahrheit ist durch Jesus Christus geworden«, sagt das Johannesevangelium. Wir wissen heute, daß das Gesetz nicht durch Mose gegeben wurde. Von Gut und Böse wußten die Menschen schon lange, bevor es die Bibel gab. Ohne Gesetze, auch ohne Moral können wir nicht leben, aber wir sollten uns hüten, sie mit Gottes Willen gleichzusetzen. Gesetze und Gebote stammen immer von Menschen, auch die Zehn Gebote, denn Gott hat sie nicht mit einem Megaphon vom Himmel heruntergesprochen. Wir Menschen aber sind fehlbar, Juden wie Christen. Darum ist niemand von uns im Besitz der Wahrheit, und darum müssen wir die Gebote, auch die der Bibel, immer neu diskutieren, um darin nach dem Willen Gottes zu suchen.

Gnade aber, da hat das Johannesevangelium recht, ist mehr als das Gesetz. Wir leben von Gnade, nicht von Gesetzen, von Gottes Güte, nicht von unseren Taten. Darum sollten wir gnädig miteinander umgehen – und nicht gesetzlich. Diese Gnade aber, voller Scham sollten wir es eingestehen, sind wir Christen den jüdischen Menschen fast immer schuldig geblieben.

Amen.

Lieder: Herr Jesu, Gnadensonne (EG 404, 1.2.8)
Freunde, daß der Mandelzweig (EG 651)

Psalm: Psalm 103, 6–13

Gebet: Gerechter Gott! Gegenüber Deinem Volk Israel
sind wir alle schuldig geworden. Die einen,
weil sie sich nicht gerührt haben,
als die Juden geholt wurden.
Die anderen, weil sie so getan haben,
als ginge sie die Schuld ihrer Eltern nichts an.
Gott, vergib uns Älteren und uns Jüngeren
unsere Feigheit, unsere Gleichgültigkeit,
unsere Schuld
angesichts des Schicksals von 6 Millionen
ermorderter jüdischer Menschen.
Amen.

Hans-Martin Lübking

3. SONNTAG NACH EPIPHANIAS

Es werden kommen von Osten und von Westen, von Norden und von Süden, die zu Tisch sitzen werden im Reich Gottes. (Lukas 13,29)

Im April 1997 ging eine schreckliche Nachricht um die Erde. Ein Gruppe von 39 Erwachsenen hatte in einer schön gelegenen Villa in Kalifornien zusammen Selbstmord begangen. Mit Entsetzen erfuhren wir, daß dieser gemeinschaftliche Selbstmord lange vorbereitet und präzise durchgeführt worden war. Die Körper der Toten lagen in Stockbetten, angezogen mit schwarzen Sportanzügen und den passenden Nike-Turnschuhen. Vor den Betten standen Koffer, wie für eine Abreise vorbereitet. Die Oberkörper der Toten waren mit lila Tüchern bedeckt. Lila – die Farbe der Buße. Die Selbstmorde wurden auf Video dokumentiert und so der Nachwelt hinterlassen. Ich habe selten so etwas Schreckliches gesehen.

Die Menschen, die gemeinsam aus dem Leben geschieden waren, gehörten einer kleinen Sekte an. Sie war vor einigen Jahren von zwei »Propheten« gegründet worden. Sie hatten von sich behauptet, sie seien Repräsentanten eines extraterrestrischen Königreiches, eines außerirdischen Königreiches. Die »Propheten«, ein Mann und eine Frau, lehrten, daß ihre Anhänger in jenes Königreich gelangen könnten, wenn sie ihre leiblichen Körper hinter sich lassen würden. So begaben sich die Sektenmitglieder auf eine lange Reise. Sie trennten sich von ihren Familien und Freunden, nahmen neue Namen an, verzichteten auf Alkohol, Sex, Drogen, und führten ein karges Leben in Disziplin und Askese. Die Gruppe lebte einerseits ganz abgeschlossen für sich, warb aber andererseits für ihre Ziele im Internet. Was geschah, das geschah öffentlich.

Die letzte Wende auf der Reise in das »außerirdische Königreich« trat durch das Auftauchen des Kometen Hale-Bopp ein, der ja auch bei uns zu sehen war. Hale-Bopp war für die Sektenmitglieder das Zeichen, daß nun der Augenblick gekommen war, die Körper zu verlassen. Es wird auch vermutet, daß die Gruppe in Hale-Bopp ein Raumschiff gesehen hat, das sie abholen sollte. Auf jeden Fall machten sich die Gruppenmitglieder gemeinsam auf die Reise, packten die Koffer und schluckten das tödliche Gift. Unfaßbar – undenkbar.

Dieser Massenselbstmord macht auf ein Phänomen aufmerksam, das auch in unserem Land zu beobachten ist. Der Glaube an die Sterne und die Spekulation über außerirdische Welten und Kräfte nehmen zu. Experten vermuten, daß die nahende Jahrtausendwende die Phantasie und die Ängste beflügelt. Was kommt, wenn man in den endlosen Raum eines vierten Jahrtausends blickt? Astronomische Erscheinungen wie der Komet Hale-Bopp lösen dann Aufregung und Endzeitstimmung aus.

Auch der christliche Glaube hat Visionen von der Zukunft und Vorstellungen vom Ende der Zeit. Eine lautet: »Es werden kommen vom Osten und vom Westen, vom Norden und vom Süden die zu Tische sitzen werden im Reich Gottes.« Zwei Gedanken aus dieser Vision möchte ich hervorheben.

Die Menschheit kommt zusammen an *einem* Tisch. Alle gehören dazu, nicht nur eine kleine Schar Ausgewählter, die sich ein Leben lang kasteit und diszipliniert hat. Niemand hat ein besonderes Vorrecht. Kein Volk dominiert über das andere. Der Tisch, der runde Tisch möchte ich sagen, ist das Symbol der Zukunft. An diesem Tisch werden alle satt, gibt es kein oben und kein unten. Die Güter der Welt, die auf diesem Tisch liegen, gehören allen und sättigen alle.

Die Vision von dem runden Tisch für alle ist nicht nur Phantasie, sondern hat konkreten Anhalt in der Gegenwart. Man kann ihre Wahrheit spüren, z. B. beim Kirchentag oder bei den ökumenischen Treffen der Jugend in Taizé oder bei den Versammlungen des Ökumenischen Rates der Kirchen.

Ein zweiter Gedanke. Die Vision vom runden Tisch stammt nicht von einem Sektenguru, sondern von Jesus Christus. Um sich hat er Juden und Griechen, Männer und Frauen, Kranke und Gesunde, Fromme und Ungläubige gesammelt. Sie haben in seiner Gegenwart Lebensmut gefunden, sind glücklich gewesen und haben Verzweiflung und Enttäuschung hinter sich gelassen. Mit ihm konnten sie ein volles und inhaltsreiches Leben leben.

Den Menschen um Jesus sind andere nachgefolgt, eine endlose Kette von Zeuginnen und Zeugen. Auch wir gehören in aller Schwachheit und Behutsamkeit dazu.

Die Vision von dem Tisch, der im Reich Gottes alle Menschen vereint, ist ein Bild gegen die Macht des Todes und die Furcht, wie sie viele Menschen heimsucht angesichts der Jahrtausendwende und angesichts einer ungewissen Zukunft. Sie bietet auch uns Schutz vor Anfechtung und Verzweiflung.

Amen.

Lieder: Strahlen brechen viele (EG 268, 1–4)
Siyamhamb ekukhanyen' (We are marching in the light of God) (Lobet alle Völker … VM Wuppertal Nr. 28)

Psalm: 86, 1–11.17

Gebet: Wir bitten,
daß Christus in unseren
Herzen wohne,
daß wir Christi Liebe erfahren,
die alles Wissen dieser Welt übersteigt,
daß wir zur Fülle Gottes gelangen.
Amen
(6. Vollversammlung des ÖRK, Vancouver 1983)

Christoph Berthold

4. SONNTAG NACH EPIPHANIAS

Kommt her und sehet an die Werke Gottes, der so wunderbar ist in seinem Tun an den Menschenkindern.
(Psalm 66,5)

Gott hat renoviert und läßt nun einladen, daß wir seine alte Welt in ihrem neuen Glanz besehen und bestaunen und ihm gratulieren zu dem Ergebnis. Es lohnt, diesem Gedanken durch die Jahreszeiten hindurch nachzugehen. Da begegnet viel Wunderbares, Staunenswertes, Beglückendes: das erste Grün nach dem Winter und die Obstblüte; die Sommergärten und weite wogende Kornfelder; die Getreide- und Kartoffelernte mit dem herbstlich würzigen Rauch von verbranntem Kartoffelkraut. Und schließlich wieder die strengen Muster des Winters.

Aber alle diese Wunder der sichtbaren Welt sind erst die Schale für den süßen Kern, an dem sich der Beter unseres Psalmwortes freut. Ja, Gott bleibt der Erde treu und erneuert sie ständig. Aber vor allem bleibt Gott uns Menschen treu. Gott hat sein Volk aus der ägyptischen Gefangenschaft befreit und ins Gelobte Land geführt. Gott hat uns Menschen renoviert und lädt uns nun ein, daß wir sein Tun an uns mit Freude und mit Staunen wahrnehmen. Gott befreit uns. Gott bricht Mauern ab und stellt uns auf weiten Raum. Er rettet aus der Not. Was die Väter an Befreiung erlebt haben, geschieht auch an den Söhnen und Töchtern. Der rettende Gott von damals handelt heute und morgen, und er befreit und rettet wieder und wieder. So der Beter des Psalms.

Unser Blick bleibt eher hängen an dem Elend der Welt, an den Schwächen und Krankheiten der Menschen. Aber zum Glück nicht immer und nicht überall. Mit Kindern haben wir eine gute Chance, den hellen Blick zu üben. Dabei sind freilich Mütter immer bis zu neun Monaten älter als Väter. Erst wenn das Kind im Mutterleib strampelt, haben Väter ihre Chance, Kontakt aufzunehmen. Wenn der Vater nach der Geburt zum ersten Mal das Kind im Arm hat, haben Mutter und Kind nicht nur Werden und Wachsen, sondern auch schon eine riesige und für beide Seiten gewaltige Auseinandersetzung hinter sich. Das ist die Geburt nämlich auch: die Auseinandersetzung der Gebärenden mit dem Geborenen. Bei der Geburt meiner Kinder habe ich das fast erschrocken erlebt, welche Arbeit auch das Baby bei seiner Geburt leisten muß. Von den Müttern wußte ich das besser, freilich auch nicht gut genug. Meine Frau und meine Kinder haben das Glück der Geburt sehr sehr hart erarbeitet. Die Arbeit war einseitiger und meine Hilfe wichtiger, als meine Frau in Ägypten unter hierzulande unvorstellbaren Umständen nach einem Busunfall unser Baby tot gebar. Unter vielem anderen war ich entsetzt über den Arzt, der die Nabelschnur durchschnitt, ohne die Zigarette wegzulegen. Es war wirklich vieles unvorstellbar – aber eben auch Schönes. Wir wurden vorher und nachher gestärkt und getröstet von der Fürsorge der ägyptischen Hebamme und getröstet von den Frauen der ganzen Station – Patientinnen und Besucherinnen – die kamen und unser Leid mitklagend teilten. Und meine Frau und ich wurden getragen, haben Mut und Kraft gewonnen, ein Geschenk Gottes von ganz fremden Menschen, die wir zuvor nie gesehen hatten, die wir nie wieder sehen werden.

Jedes Jahr feiern wir Geburtstag und wünschen neu »Glück!« Der Trennungsschmerz und die Trennungsarbeit bei der Geburt bleiben beiseite. Der Alltag zeigt freilich, daß nicht jede Geburtstagsfeier eine festliche Rast ist, in dankbarem Rückblick und hoffnungsvollem Ausblick. Ob das mit der verdrängten Trennung zu tun hat? Mit der vergessenen Arbeit, deren Erfolg nicht selbstverständlich ist? In den Psalmen ist das Danken und das Klagen oft ganz nah beieinander. Was Gott mir antut, wie Gott mich heimsucht, das kann mir Glück bedeuten. Das kann mir aber auch unverständliches Unglück sein. Gott mutet uns viel zu. Der Psalmbeter lädt uns ein, daß wir an guten Tagen mit Gott reden, ihm danken für alle seine Wunder, ihn loben als den Menschenretter und Wohltäter. Das ist die beste Übung dafür, daß wir auch an dunklen Tagen mit Gott weiterreden, dann, wenn wir nichts davon sehen, daß Gott die Welt oder uns renoviert hat. Adam und Eva leben in der alten Welt. Dennoch, die neue Schöpfung ist zugesagt und ihre Spur sichtbar.

Amen.

Lieder: Jauchzt, alle Lande, Gott zu Ehren (EG 279)
Lobet und preiset, ihr Völker, den Herrn (EG 337)

Psalm: 93 (oder 66, 5–12.20)

Gebet: Gott, ich muß mich anstrengen, eine Menge leisten jeden Tag. Ich freue mich, wenn mir etwas besonders gut gelungen ist. Manchmal ist mir alles zu viel. Wende meinen Blick, daß ich sehe, was Du getan hast, was Du tust. Laß mich sehen, wie andere sich einsetzen – auch für mich. Laß mich – munter oder müde – in Dank und Klage Dein(e) Mitarbeiter(in) sein: zu meinem Heil, zu Deinem Lob.
Amen.

Gerd Lautner

5. SONNTAG NACH EPIPHANIAS

Der Herr wird ans Licht bringen, was im Finstern verborgen ist, und wird das Trachten der Herzen offenbar machen. (1. Korintherbrief 4,5)

Das klingt wie ein klassischer Drohtext einer uralten Gesetzespädagogik, formuliert nach dem Motto »Lügen haben kurze Beine« oder »Die Sonne bringt es an den Tag« oder in der längeren Version: »Nichts ist so fein gesponnen, es kommt doch an das Licht der Sonnen«. Diese Erfahrungssätze – oder Hoffnungsformulierungen – kennen wir alle, daß irgendwann einmal alle Ränke, alle Kalküle, jede ersonnene Hinterlist auffliegen wird und aufgedeckt werden. Das sind Sätze, wie sie nicht besser geeignet sein können für alle Arten von Beispielsgeschichten vom bösen Hermann und der guten Marie, von Strafe und gerechtem Ausgleich.

Oder vielleicht doch nicht? Es ist ja nicht die Rede von Hermann und Marie, die Rede ist bei Paulus vom Herrn. Die Rede ist nicht so einfach vom Ausgleich am Schluß, sondern davon, daß der Herr alles offen legen wird, benennen, nicht ans Licht zerren, sondern »beleuchten« wie eine Fotographie in Rundumsicht.

Die Wochen zwischen Weihnachten und der Passionszeit sind in der Auswahl der Bibeltexte und Lieder vom Licht geprägt. Es ist sein Licht von Weihnachten her, das auf uns fällt, und das uns dort mit hineinnimmt.

»Der Herr wird ans Licht bringen«, nichts anderes, als uns selbst. Er wird uns in den Lichtkreis stellen, der er selber ist. Ich komme nicht von ungefähr darauf, denn die Verse gehen bei Paulus so zu Ende: »Alsdann wird einem jeglichen von Gott sein Lob widerfahren.«

Warum sollte das nicht dahinter stehen, daß Gott uns viel besser kennt als wir uns selbst. Ich nenne das für mich das Drei-Schichten-Modell.

Da ist die Außenseite, bekannt denen um mich herum, gepflegt von mir und aufpoliert, wo es geht; warum auch nicht, auch jedes Image hat ja seinen positiven Anteil. Dann ist da die zweite Schicht, die Innenseite, die ich nur selbst kenne, wo ich keinen ran- und reinlasse; der berühmte Keller mit seinen Leichen, grasüberwachsen, wenn es geht, und gut gehütet. Wer will schon behaupten, daß es diese Seite nicht gibt? Aber da ist noch die dritte Schicht, wo es mir mit mir so geht wie den anderen mit mir: die ich selbst nicht kenne, auch wenn ich manches davon manchmal ahne. Die Seite, in der Gott mich kennt, dem ich mich verdanke. Sie ist gewiß nicht ohne Ambivalenzen, aber warum sollte sie ohne Valenz und ohne value sein?

»Der Herr wird ans Licht bringen, was im Finstern verborgen ist«: eben alles. Zu seinem Licht gehört, daß er aufleuchten läßt und hell macht, was nicht reflexionsfähig zu sein scheint, was sich von selbst nicht ans Licht getraut hat, auch wenn es das Licht längst nicht hätte zu scheuen brauchen.

Mit diesem Drei-Schichten-Modell erweitert sich der Zugang zum Wochenspruch: »Richtet nicht vor der Zeit«, euch nicht und andere auch nicht; denn bei allem Wissen um die erste Schicht der Außenseiten und zu allen – meist finsteren – Vermutungen über die zweite Schicht der Innenseiten tritt die Option auf die dritte Schicht: die Option und die Hoffnung auf sein Licht, in das er uns hineinnimmt. Das nimmt mir jedes Richten aus der Hand und läßt mich auf ihn warten, getröstet. Denn er, der sein Licht in alle Finsternis leuchten läßt, wird mich nicht im Finstern stehen lassen.

Dies ist kein Drohtext, sondern es sind Mutworte zu uns selbst.

Amen.

Lieder: Auf, Seele, auf (EG 73, 5–6)
Herr, Du hast mich angerührt (EG 383)

Psalm: 37, 5–7

Gebet: Herr, ich kenne mich, und Du kennst mich besser als ich mich selbst. Du hast mir das Licht Deiner Weihnacht bekannt gemacht und die Wahrheit Deines Leidens und dies auch: Ich stehe in beidem, ich bin in beides verstrickt, und Du trittst dazu und gibst Dein Licht.
Amen.

Detlef Reichert

LETZTER SONNTAG NACH EPIPHANIAS

Über dir geht auf der Herr, und seine Herrlichkeit erscheint über dir. (Jesaja 60,2)

Gemeint ist Jerusalem. Finsternis bedeckt das Erdreich und Dunkel die Völker; aber über dir geht auf der Herr, und seine Herrlichkeit erscheint über dir.

Jerusalem glänzt in der Hand Jahwes. Ein Bild des Heils, das um so prächtiger am Himmel erstrahlt, je größer die Finsternis ist, die die Menschen gefangen hält.

Jahrhunderte später. Derselbe Himmel, ein anderer Ort.

Ein alter Mann im Frack wird herangeschleift. Er trägt eine Armbinde, sein Kopf schlägt auf dem Boden auf, der Alte wimmert und jault.

»Ich will mit dem Herrn Kommandanten sprechen!« Seine Stimme ist nur ein monotones Wimmern, starrsinnig wiederholt er immer die gleichen Worte.

»Ich will mit dem Herrn ...«

Sie werfen ihn zu den anderen auf den Wagen. Jemand hat ihn zu Boden getreten, aber die alte Stimme jammert noch: »Ich will ...«

»Sei doch endlich still, Mensch!« lacht ihm der junge SS-Mann nach. »In einer halben Stunde wirst du mit dem Höchsten Kommandanten sprechen. Vergiß nur ja nicht, Heil Hitler zu sagen!«

Zwei andere Männer tragen ein Mädchen herbei. Es hat nur ein Bein. Die Männer halten das Kind an den Händen und an dem einen Bein. Tränen kullern über das Kindergesicht.

»Oh, das tut weh, meine Herren«, flüstert die Kleine kläglich. Man wirft sie zu den Leichen. Auch sie wird verbrannt, zusammen mit den Toten, bei lebendigem Leibe.

Der Abend senkt sich herab. Der kühle, dunkle Himmel ist mit Tausenden glitzernder Sterne übersät.

(Tadeusz Borowski, Bei uns in Auschwitz, München 1963, 128)

Über dir geht auf der Herr, und seine Herrlichkeit erscheint über dir. Die Vision von der aufstrahlenden Herrlichkeit hat nichts von ihrer Leuchtkraft verloren. Im Gegenteil: Angesichts einer stetig zunehmenden Gewalt gegen Ausländer, Frauen und Kinder allerorten, erscheint sie heute wichtiger denn je.

Verlieren auch die Menschen mit zunehmender Zahl und Entfernung ihre Namen, so prägen sich doch die Orte ein. Nachfolgend in alphabetischer Reihenfolge eine unvollständige Liste der Orte des Schreckens und der Gewalt:

Alfter, Augsburg, Bad Bergzabern, Bad Breisig, Bad Lauterberg, Berlin-Höhenschönhausen, Berlin-Mahrzahn, Biesenthal, Bornheim, Brahlstorf, Bretten, Chemnitz, Cottbus, Dolgenbrodth, Dresden, Düsseldorf, Eberswalde, Eisenhüttenstadt, Emden, Engelsberg, Essen, Flöha, Frankfurt/Main, Frankfurt/Oder, Fulda, Gandwo-Lenzen, Gelnhausen, Greifswald, Guben, Guxhagen, Halberstadt, Halle, Hamminkeln, Hannover, Hemsbach, Henningen, Herzsprung, Hettstedt, Hoyerswerda, Hünxe, Ilbesheim, Ingolstadt, Jena, Kassel, Ketzin, Kremmen, Lauchhammer, Leipzig, Leverkusen, Lindenthal, Lübeck, Lübenau, Lübz, Lychen, Magdeburg, Mölln, Mühlhausen, Mühlheim, München, Neubrandenburg, Neuruppin, Nordhausen, Oschersleben, Osnabrück, Ostfildern, Prenzlau, Pritzier, Quedlinburg, Regensburg, Rostock, Rostock-Lichtenhagen, Rudolfstadt, (KZ-)Sachsenhausen, Saarlouis, Schwanefeld, Schwedt, Singen, Solingen, Spremberg, Stendal, Trassenheide, Trier, Ueckermünde, Unna, Vetschau, Viersen, Waren, Werdau, Wernigerode, Wismar, Wuppertal, Zwickau …

Der Schrecken der Finsternis bleibt uns nicht unbekannt. Geschieht in unserer nächsten Nähe, fängt bei uns an.

Amen.

Lieder: Wachet auf, ruft uns die Stimme (EG 147)
In der Mitte der Nacht (Singt dem Herrn 266)

Psalm: 8

Gebet: Gott,
Du Bruder der geschundenen Kreatur,
Mit Ehre und Herrlichkeit hast Du uns gekrönt.
Du hast uns zu Herren gemacht über Deiner Hände Werk.

Gleichwohl beginnt die Dunkelheit in unseren
Herzen.
Gewalt und Unrecht gehen von uns aus.
Erleuchte und stärke uns,
daß wir dem Bösen – in uns – widerstehen.
Amen.

Günter Törner

SEPTUAGESIMÄ

Wir liegen vor dir mit unserem Gebet und vertrauen nicht auf unsere Gerechtigkeit, sondern auf deine große Barmherzigkeit. (Daniel 9,18)

Zuerst war es eigentlich nur ein vorgedrucktes Formular: »Zur Erinnerung an die Konfirmation« stand darauf, darunter ein Foto der Kirche und einige leere Zeilen. Doch als der Pastor mit Tusche und Schönschreibfeder den Namen eintrug, den Konfirmationsspruch, Unterschrift und Siegel, da war aus dem Vordruck Petras Konfirmationsurkunde geworden. Die bekam sie damals nach dem feierlichen Gottesdienst überreicht, mit Handschlag und guten Wünschen für die Zukunft. Zuhause stellte sie sie dann zwischen die Bücher, den neuen Plattenspieler und den Blumenstrauß auf den Geschenketisch. Die Verwandten begutachteten die Urkunde, lobten die schöne Handschrift des Pastors und lasen laut vor: »Wir liegen vor dir mit unserem Gebet und vertrauen nicht auf unsere Gerechtigkeit, sondern auf deine große Barmherzigkeit.« – »Und den Spruch hast du dir selber ausgesucht?« – das fragte bestimmt jeder zweite. Petra antwortete dann nur »Ja« und fand die Frage unangenehm. Daß sie an Gott glaubt und zu ihm betet, das war ihre persönliche Angelegenheit, fand sie.

Als sie die Geschenke ein paar Tage später in ihr Zimmer trug, war aus dem Blumenstrauß Blütenstaub auf die Urkunde gerieselt. »Ein richtiger Konfirmationsspruch gehört auch eingerahmt«, meinte Petras Mutter. Sie kaufte einen schönen Rahmen, und bald hing der Bibelspruch zwischen Postern und Popstars und Pferden an der Wand in Petras Zimmer.

Lange hing er da, überstand die Veränderungen vom Kinder- zum Jugendzimmer. Er war so selbstverständlich da, daß ihm kaum noch Aufmerksamkeit geschenkt wurde. Staub legte sich auf das Glas.

Petra wurde älter, sie wurde Lehrerin und baute sich ihr eigenes Leben auf. Sie war erfolgreich und stolz auf ihre Leistungen. Aber sie machte auch die Erfahrung, daß es manchmal nicht reichte, was sie tun konnte: Ein bißchen mehr

Geduld und Ausdauer würde sie gern aufbringen, anderen mehr Nachsicht entgegenbringen. Wenn sie sich selbst eine Zensur als Mensch geben müßte, dann fiele die nicht besonders gut aus, das gestand sie sich ehrlich ein.

Irgendwann, als sie wieder einmal ihre Eltern besuchte und in ihr altes Zimmer kam, guckte sie auf den Konfirmationsspruch an der Wand. Sie sah ihn lange an. Mit dem Finger fuhr sie über das Glas und zog so Spuren in den Staub auf dem Bild.

Leise las sie den Spruch: »Wir vertrauen nicht auf unsere Gerechtigkeit, sondern auf deine große Barmherzigkeit«… Als 14jährige hatte sie sich diesen Spruch ausgesucht, um ihren Glauben an Gott auszudrücken. Jetzt, 20 Jahre später, kam er ihr vor wie eine Antwort: »Du bist nur ein Mensch. Es steht nicht in *deiner* Macht, das Gute, das du tun willst, auch wirklich zu schaffen. Vertrau auf Gott. Er wird dem einen guten Ausgang geben, was du jetzt als unzureichend erlebst.«

Vorsichtig nahm Petra das Bild von der Wand. Es hinterließ einen schwarzumrahmten hellen Fleck auf der Tapete.

Heute hängt der Spruch in ihrer eigenen Wohnung, dort, wo sie ihn immer sehen kann: als Trost und als Denkanstoß.

Amen.

Lieder: Wir strecken uns nach dir (EG 664)
Kanon: Herr, gib uns deinen Frieden (EG 436)

Psalm: 51 (in der Übertragung von Diethard Zils: Mein Liederbuch 2, S. 12)

Gebet: Gott, wir machen uns größer, als wir sind: Mit jedem Erfolg schweben wir ein bißchen höher über dem Erdboden. Aber es lebt sich nicht gut ohne Bodenhaftung, wenn man die Risse im Ich bemerkt. Du holst uns zurück auf den Boden der Tatsachen, bist selbst tragfähiger Grund.
Du gibst uns die Sicherheit, ehrlich vor uns selbst sein zu können und nicht auf uns, sondern auf Dich zu vertrauen.
Amen.

Andrea Seils

SEXAGESIMÄ

Heute, so ihr seine Stimme hören werdet, so verstocket eure Herzen nicht. (Hebräer 3,15)

In unglaublich kurzer Zeit hat er seinen Siegeszug durch die Welt gemacht: der Walkman. Ein kleines Abspielgerät für eine Kassette, das überall mitgenommen werden kann und jederzeit einsatzbereit ist. Zuerst waren es fast nur Jugendliche, die man mit einem Walkman sah, inzwischen aber ist er in allen Altersklassen verbreitet und geschätzt. In Bus und Straßenbahn, in Zug und Flugzeug, auf Fahrrad und Inlineskates, beim Spazierengehen und Joggen: Überall tragen Menschen ihren Walkman.

Wenn das Kabel vom Walkman zu meinen Ohren führt, dann mache ich damit unausgesprochen und zugleich unmißverständlich klar: Jetzt will ich nicht gestört werden. Was um mich herum passiert, interessiert mich nur sehr begrenzt. Gespräche will ich nicht führen. Laßt mich bitte in Ruhe.

Wenn ich meinen Walkman anschalte, dann höre ich nur das, was ich hören will. Ich bin es ja, der sich die Kassetten aussucht, und wenn mir ein Musiktitel nicht gefällt, schalte ich zum nächsten weiter. Je nach meiner Stimmung suche ich mir die dazu passende Musik aus. Und ich bin es, der ihre Lautstärke bestimmt.

Wenn ich meinen Walkman höre, dann bin ich ein ganz typischer Zeitgenosse. Ich brauche keine anderen Leute. Ich lasse mir nicht von anderen vorschreiben, was ich zu hören bekomme. Meine Umwelt blende ich weitgehend aus. Störendes möchte ich nicht wahrnehmen. Wenn Soziologen den sogenannten zeitgenössischen Menschen beschreiben, meinen sie ähnliches, auch wenn sie dabei Begriffe gebrauchen wie Individualismus, Erlebnisfreude, Selbstbestimmung oder Ego-Gesellschaft.

Diesem meinem Walkman-Leben widerspricht der Wochenspruch. Er sagt mir nämlich: Gott will mit dir reden. Verstopfe deine Ohren nicht, zieh die Ohrstöpsel heraus. Höre nicht nur immer wieder das gleiche, folge nicht nur dem dir Vertrauten. Lausche auf Gottes leise Stimme. Mach dich darauf gefaßt, daß du dabei Ungewohntes und vielleicht sogar dich Störendes zu hören bekommst. Gottes Stimme will dir das verraten, was deinem Leben Tiefe und Ziel gibt. Nutze diese Gelegenheit. Gott ist nicht immer zu hören. Heute aber will er sich von dir hören lassen.

Gottes Stimme spricht zu mir, wenn ich in der Stille eine biblische Geschichte lese, über sie nachdenke, und wenn ich dabei plötzlich merke: Da ist ja von mir, von meinem Leben, von meinen Fragen, meinen Ängsten, meinen Hoffnungen die Rede. Oder Gottes Stimme spricht zu mir, wenn ich morgens die kurzen Worte aus den Losungen der Herrnhuter Brüdergemeine lese und dabei manchmal den Eindruck habe, daß diese Worte genau in meine Situation hinein gesprochen sind.

Gottes Stimme spricht zu mir, wenn ich zu ihm bete. Wenn ich alles das vor ihm ausspreche, was mich erfreut und wovor ich mich fürchte, wofür ich danke und worüber ich klage, worum ich bitte. Und wenn ich dann merke, wie ich ruhiger werde, oder wenn ich mich darauf verlasse, daß ich nicht allein bin, dann höre ich Gottes Stimme.

Gottes Stimme spricht zu mir, wenn ich mich gemeinsam mit anderen darüber austausche, was mir an Jesus Christus, was mir an Gott, was mir in meinem Glauben, was mir an der Kirche wichtig ist. Oder Gottes Stimme spricht zu mir, wenn ich gemeinsam mit anderen Stille aushalte, aber auch, wenn ich mit anderen aus vollem Herzen singe. Durch die Gemeinschaft von Menschen, die mir wichtig sind und denen ich wichtig bin, spricht Gottes Stimme zu mir.

Gottes Stimme spricht zu mir, wenn ich die Not von anderen höre, sehe, fühle und wahrnehme. Wenn ich mich von ihrer Not berühren und in Bewegung setzen lasse, wenn ich allein oder besser noch mit anderen zusammen versuche, das mir Mögliche zur Linderung der Not, zum Verständnis, zum Trost, zum Sattwerden, zum Leben, zur Erhaltung der Natur oder zum Frieden beitrage, dann spricht Gottes Stimme zu mir.

Gott verbietet mir nicht meinen Walkman. Aber Gott will nicht, daß ich andauernd als Walkman-Mensch lebe. Gott bittet mich darum, regelmäßig die Ohrstöpsel herauszunehmen.

Er will, daß ich Ruhe finde. Er will, daß ich Zeit finde zum Nachdenken und für Gespräche, Zeit zum Beten und Singen, Zeit für andere. Und Gott verspricht mir, daß ich in alledem seine Stimme höre, heute und immer wieder aufs neue.
Amen.

Lieder: Herr, für dein Wort sei hochgepreist (EG 196)
Gott rufet noch (EG 392)
Psalm: 119, 97–105
Gebet: Gott, um Stille bitte ich Dich
und darum, daß ich die Stimmen in mir nicht übertöne.
Um Ehrlichkeit beim Beten bitte ich Dich
und darum, daß Du mich dabei hörst.
Um Freundschaften bitte ich Dich
und darum, daß sie verläßlich sind.
Um Bereitschaft, mich auf andere Menschen auch
in ihren Schwierigkeiten einzulassen, bitte ich Dich
und darum, dann das richtige Wort zu finden
und die richtige Tat zu tun.
Daß ich Dich heute höre,
darum bitte ich Dich, Gott.
Amen.

Werner M. Ruschke

ESTOMIHI

Seht, wir gehen hinauf nach Jerusalem, und es wird alles vollendet werden, was geschrieben ist durch die Propheten von dem Menschensohn. (Lukas 18, 31)

Im Sommer 1997 haben über 100.000 Menschen am 27. Deutschen Evangelischen Kirchentag in Leipzig teilgenommen. Sie haben sich mehrere Tage mit den großen Herausforderungen unserer Zeit und unseres Lebens beschäftigt:

- Wie steht es um Glauben und Kirche? Woran wird man Christen und Christinnen erkennen? Der Kirchentag antwortet mit dem Hebräerbrief: Es ist die Gerechtigkeit, die durch den Glauben kommt.
- Wie steht es um unser Zusammenleben – in Partnerschaft und Gesellschaft, im privaten und öffentlichen Bereich? Der Kirchentag antwortet mit der alttestamentlichen Überzeugung: Gerechtigkeit erhöht ein Volk.
- Wie steht es mit unserem Blick über nationale Grenzen hinaus, mit dem Bewußtsein in **einer** Welt zu leben? Der Kirchentag antwortet mit der prophetischen Vision: Der Gerechtigkeit Frucht wird Friede sein.
- Wie steht es schließlich um die Zukunft? Was kommt auf uns zu? Wie können wir gestaltend eingreifen? Der Kirchentag antwortet mit dem Prophetenwort: Säet Gerechtigkeit und erntet nach dem Maß der Liebe.

Das also ist die Antwort auf die großen Herausforderungen unserer Zeit und unseres Lebens: Gerechtigkeit. Die Kirchentagslosung bringt es auf den Punkt: »Auf dem Weg der Gerechtigkeit ist Leben«.

2.000 Jahre vor diesem Kirchentag: Da sind Menschen ebenfalls auf dem Weg – auf dem Weg nach Jerusalem. Sie folgen einem Mann, der behauptet, das Reich Gottes, die Herrschaft Gottes sei ganz nahe. Sie folgen einem Mann, der die Nähe dieses Reiches Gottes erfahrbar macht: Er heilt beispielsweise eine Frau am Sabbat. Die Ordnungen sind um der Menschen willen da und nicht umgekehrt. Sie sollen Leben ermöglichen und nicht Ausgrenzung oder Tod. In Gottes Schöpfung gehört keine und keiner an den Rand. Deswegen sagt Jesus gerade den Armen das Reich Gottes an. Deswegen werden die Hungernden nicht Hungernde bleiben. Deswegen werden diejenigen, die jetzt weinen, lachen.

Was erwartet diesen Mann in Jerusalem? Das Kreuz. Jerusalem steht für Tod. Auf dem Weg der Gerechtigkeit ist Tod. Die Kirchentagslosung von 1997 und der Wochenspruch stehen sich gegenüber, spannungsvoll, widersprüchlich.

Dieser Widerspruch und diese Spannung sind nicht aufzulösen. Aber sie machen zugleich auch etwas klar: Die Herrschaft Gottes, die Herrschaft des Lebens – das ist keine eigene abgeschottete, heile Welt irgendwo hinter den Bergen. Die Herrschaft Gottes, die Herrschaft des Lebens gilt hier und jetzt, gilt dieser Welt und keiner anderen. Und zu dieser Welt gehört das Kreuz, gehören die Kreuze, an die Menschen geschlagen werden bis heute:

Ich denke beispielsweise an die Brutalität in den Bürgerkriegen auf dem Balkan.

Ich denke beispielsweise an die sexuelle Gewalt gegenüber Frauen.

Ich denke beispielsweise an die zunehmende soziale Kälte und an die Ausgrenzung bestimmter Gruppen.

Das Reich Gottes, vom Menschensohn Jesus von Nazaret verkündet, wird somit zur Kampfansage an die Mächte der Zerstörung und des Todes. Seit Jesus von Nazaret gilt: Die Herrschaft des Lebens ist stärker als der Tod. Sie wird konkret in der Suche nach mehr Gerechtigkeit zwischen den Menschen. Auf dem Weg der Gerechtigkeit ist Leben.

Amen.

Lieder: Lasset uns mit Jesus ziehen (EG 384)
»Mir nach«, spricht Christus (EG 385)

Psalm: 31, 2–6

Gebet: Gott, manchmal möchte ich resignieren. Manchmal kann ich die täglichen Schreckensmeldungen nicht mehr hören. Ich sehne mich nach Hoffnungszeichen, Hoffnungszeichen des Lebens. Öffne mir die Augen dafür.
Amen.

Heinz-Georg Ackermeier

INVOCAVIT

Dazu ist erschienen der Sohn Gottes, daß er die Werke des Teufels zerstöre. (1. Johannes 3, 8b)

In dicken Lettern kündigte eine Illustrierte auf dem Titelblatt den Artikel an: »Die Nachbarn von Udo verstehen die Welt nicht mehr.« Ich blätterte im Inneren nach und erfuhr: Ein schüchterner und stets freundlicher junger Mann sei Udo immer gewesen, stets hilfsbereit, wenn man ihn um einen Gefallen bat. Niemals habe er über die Stränge geschlagen. Ein normales Single-Leben habe er im Hause seiner Mutter geführt. In seiner Firma war er als zuverlässiger und fleißiger Mitarbeiter geschätzt. Und jetzt war er als Mörder eines siebenjährigen Mädchens verhaftet worden! Neben dem Text ein Bild von drei diskutierenden Dorfbewohnern. Dazu ein Foto des Hauses, in dem Udo gewohnt hatte und in dem seine Mutter jetzt die Rolläden geschlossen hielt. Wie konnte aus einem so friedlichen jungen Mann ein Mörder werden?

Wir Menschen können unheimlich-zwielichtige Wesen sein. Das erfahren wir nicht nur in der Geschichte von Udo. Das erleben wir auch in anderen Fällen. Ein Polizeikommissar folterte zur Zeit der griechischen Militärregierung einen Gefangenen. Als ihn während des Verhörs seine Frau anrief und ihm von der Erkrankung eines Kindes erzählte, wechselte er die Rolle und erwies sich als mitfühlender Vater. Danach folterte er sein Opfer weiter.

Schlechtigkeiten, die diesen Menschen viele nicht zugetraut hätten, sie taten sie dennoch. Der Mensch, so sagt der 1. Johannesbrief, kann Werke vollbringen, die von Gott kommen. Er kann aber auch Taten tun, die des Teufels sind. Das ist nach alter Weltanschauung ausgedrückt, als wenn es dem Teufel immer wieder gelingt, Gott einen Teil seiner Macht über die Welt streitig zu machen. Aber der Zwiespalt liegt in uns selbst. Ich erlebe es, daß ich den Menschen, mit denen ich beruflich zu tun habe, mit Geduld und Freundlichkeit begegne, wenig später zu Hause meinen Familienmitgliedern gegenüber mich aber nur gereizt und ungnädig betrage. Übersehen des andern, gewohnheitsmäßige Rücksichtslosigkeit, versagte Anerkennung, nicht geäußerte Liebe: Solche Taten und Unterlassungen verhindern das Leben, lassen Beziehungen zwischen den Menschen erfrieren, drehen den Sinn der Welt um. Sie kehren sich gegen uns selbst, die wir doch eigentlich das Gute wollen.

»Dazu ist erschienen der Sohn Gottes, daß er die Werke des Teufels zerstöre.« Der Satz will sagen: Durch das Erscheinen Jesu in der Welt, durch seine Worte und Taten, durch seinen Tod und seine Verherrlichung wird den teuflischen Werken in der Welt ein Ende gemacht. Ach, wenn es doch so wäre! Dieser Wochenspruch kann uns einen tiefen Seufzer entlocken, in dem unsere ganze Sehnsucht zum Ausdruck kommt – nach einer Welt ohne Mord, Gewalt und Betrug. Wie schön wäre das, wenn die Kriegshetzer aufhörten, den Haß zu schüren; wenn die, die nach Macht streben, ihre Verantwortung sähen; wenn die, denen das Gewinn-Machen über alles geht, danach fragten, was der Gemeinschaft nützt; wenn wir selbst uns von der Liebe beraten ließen und nicht immer wieder von Kälte und Geltungssucht überrumpelt würden!

Stellt dieser Satz aus dem 1. Johannesbrief uns eine Scheinwelt vor Augen, in der das Böse besiegt ist und nur noch das Gute regiert? Soll hier die Wirklichkeit ausgeblendet werden, wie sie uns mit all ihren Schrecklichkeiten täglich umgibt?

Der Verfasser des 1. Johannesbriefes ist nicht blauäugig. Obwohl er seine Leser zu denen rechnet, die zu Christus gehören, ermahnt er sie, sich nicht vom Bösen verführen zu lassen. Das verrät nüchternen Realismus. Die Macht der teuflischen Werke hält an. Die lebenswidrigen Machenschaften der Menschen haben noch ihre Spielräume. Aber der Kampf gegen sie hat begonnen. Das bedeutet für uns, daß wir zeitweise den Werken des Teufels erliegen werden. Aber auch, daß wir die Nichtigkeit des Bösen erkennen können, Destruktives als unerträglich benennen und uns ihm entgegenstellen können. Unser Wochenspruch schließt aber auch ein, daß wir immer öfter die Kraft Christi spüren: »Ich habe euch geschrieben, daß ihr stark seid und ihr seid Sieger über den Bösen.« (1. Johannes 2,14)

Amen.

Lieder: Ach, bleib mit deiner Gnade (EG 347, 1, 5.6)
Wende das Böse (Mein Liederbuch 1, B 24)

Psalm: 91, 1–4. 11–12

Gebet: Gott, unser Vater!

Es heißt, Du hast dem Bösen die Macht genommen. Aber noch sehen und hören wir von gräßlichen Gewalttaten in der Welt. Uns selbst unterlaufen verkehrtes Verhalten und böse Unterlassungen. Gib uns etwas von der Stärke Deines Christus, daß wir das Böse böse nennen und ihm widerstehen. Laß uns in ihm bleiben, bei dem Wahrheit und Gerechtigkeit ist.

Amen.

Heinrich Halverscheid

REMINISZERE

Gott erweist seine Liebe zu uns darin,
daß Christus für uns gestorben ist,
als wir noch Sünder waren. (Römer 5,8)

Gott,
wieder geht ein Tag zu Ende, an dem ich mit mir nicht zufrieden sein kann. Wenn ich ehrlich bin, und das heißt: selbstkritisch, dann kann ich nicht sagen: »Es ist ein guter Tag gewesen!« Ich habe ja gelernt, bescheidener mit mir und meinen Ansprüchen an mich zu sein, habe ich doch genug damit zu tun, den Erwartungen anderer Menschen an mich gerecht zu werden. Gut, ich weiß, vieles steht nicht in meiner Hand; es gibt Dinge, die getan, Pflichten, die erledigt, Aufgaben, die gelöst werden müssen. Da habe ich keine Wahl, da tue ich, was zu tun ist, und bemühe mich, mein Bestes zu geben. Ich bemühe mich, verläßlich zu sein, Wichtiges von Unwichtigem zu unterscheiden, das Selbstverständliche wie selbstverständlich zu erledigen, kurz: zu funktionieren, damit der Alltag funktioniert. Das fällt mir nicht schwer und belastet mich nicht. Das tun meine Mitmenschen, meine Nachbarn und Kollegen auch, und das ist gut so. Ich weiß das zu schätzen. Es gibt mir Sicherheit zu wissen, daß das Alltägliche, das Normale, das Gewohnte wie selbstverständlich geschieht. Nur so kann ich leben, ich mit anderen, andere mit mir.

Nein, das ist es nicht, was mein Unbehagen, meine Unzufriedenheit mit mir ausmacht! Ich bin schon dankbar, daß mein Leben in festen, geordneten Bahnen verläuft. Ehrlich gesagt, kann ich mir gar nicht vorstellen, wie es wäre, wenn ich mir mein Über-Leben täglich neu erkämpfen müßte. Ich sehne mich nicht nach Abenteuern, ich brauche keinen täglichen Kick, der mich die Woche bis zum Wochenende überstehen läßt. Ich lebe nicht von Urlaub zu Urlaub. Ich fühle mich nicht gefangen in meinem Alltag. Es gibt genug Sonntage, Feiertage, wirkliche und solche im übertragenen Sinn. Ich bin nicht auf der Flucht vor mir und meiner Gewöhnlichkeit.

Aber ich habe noch andere Ansprüche an mich und meine Tage. Jeden Morgen nehme ich mir vor, ein wenig anders mit mir und meinen Mitmenschen umzugehen: mit Nachbarn, Kollegen, Freunden, Fremden, ja ganz besonders mit Menschen, denen ich nur heute begegnen könnte. Ich möchte freundlicher zu ihnen sein, geduldiger, aufgeschlossener, rücksichtsvoller. Ich möchte, daß sie spüren, daß sie mir nicht gleichgültig sind. Ich stelle mir vor, ich könnte ihnen eine elementare Zuneigung vermitteln, eine Art Nächstenliebe, ganz uneigennützig, nur einfach menschlich. Ich merke es ja an mir selbst: Ich freue mich, wenn jemand so auf mich zugeht. Das tut mir gut. Das baut mich auf. Ich fühle mich als der wahrgenommen, der ich bin, fühle mich angenommen. Es verändert mich. Ich muß mich nicht ändern, bevor mein Gegenüber sich mir zuwendet. Ich komme nicht in ein leeres Haus, eine unmöblierte Wohnung. Es ist wie eine Einladung zu einem Festessen: Ich kann mich an einen gedeckten Tisch setzen. Ich spüre, ich bin willkommen. Da ist etwas vorbereitet, ohne mein Zutun. Es ist wie ein Vorschuß an Freundlichkeit, den ich mir nicht verdienen muß und kann. Ich habe Kredit ohne feste Raten, ein Darlehen, dessen Tilgung ich bestimmen kann. Das macht mein Leben lebenswert. Und das eben ist es: Ich möchte etwas zurückgeben von dieser Erfahrung, von dieser Lebensqualität, andere daran teilhaben, etwas davon spüren lassen. Manchmal denke ich: Das ist gemeint mit der Nächsten- und der Selbstliebe. Meinen Nächsten so lieben wie mich selbst. Und mich selbst lieben können, weil ich spüre und erfahre, daß ich geliebt werde und geliebt worden bin.

Das klingt vielleicht seltsam. Aber ich glaube, du verstehst mich, Gott. Ich möchte, aber ich kann oft nicht so, wie ich es mir vorstelle. Ich habe das Gefühl, ich scheitere an mir selbst, an meinen Ansprüchen und Erwartungen an mich. Ich werde mir selbst nicht gerecht. Geschweige denn dir. Das ist es, was mich umtreibt, unzufrieden mit mir selbst sein läßt. Verstehe mich recht: Ich beklage mich nicht. Ich versinke nicht in Selbstmitleid. Ich möchte das einfach nur loswerden. Das kann ich auch bei guten Freunden. Aber heute abend wollte ich es dir einfach mal sagen …

Amen.

Lieder: Ich steh vor dir mit leeren Händen (EG 382)
Ins Wasser fällt ein Stein (EG 659)

Psalm: 31, 1–15

Gebet: Gott,
Du kennst mich und weißt, wer ich bin.
Ich kann mich vor Dir nicht verstellen.
Du kennst meine Stärken und Schwächen,
meine Gedanken, meine Wünsche, meine Grenzen.
Du verstehst und durchschaust mich.
Obwohl und weil das so ist,
wendest Du Dich nicht von mir ab,
sondern bleibst bei mir mit deiner Liebe.
Du hast sie mir geschenkt,
ohne daß ich sie verdient hätte.
Du schenkst sie mir immer wieder neu.
Ohne sie wäre mein Leben anders,
und ich wäre ein anderer Mensch.
Was kann ich anderes tun, als Dir dafür zu danken.
Und dich zu bitten,
mit Deiner Liebe bei mir zu bleiben.
Amen.

Ulrich Kämmerer

OKULI

Wer seine Hand an den Pflug legt und sieht zurück, der ist nicht geschickt für das Reich Gottes. (Lukas 9, 62)

Dieses Jesuswort und die Lebenssituation, in der wir leben, sind *zwei* Welten, die eigentlich wenig miteinander zu tun haben. Das Jesuswort stammt aus einem Kontext, in dem Menschen alle Bindungen hinter sich ließen, um sich wandernden Gruppen und Meistern anzuschließen. Sie verließen Geld, Besitz, Familie und alles, was sie besaßen, und wollten wie die Vögel in der Luft und die Lilien auf dem Felde leben. Nicht zurückblicken und nicht stehenbleiben, waren die Devisen. Die Straße als Ort wirklichen Lebens. Der Blick nach vorn als einzig geduldeter: »Wer die Hand an den Pflug legt und sieht zurück, der ist nicht geschickt für das Reich Gottes«.

Das sind keine Vorstellungen, die unter uns Anklang finden. Wir sehnen uns nach Sicherheit und können auf Unruhe und Aufregung durchaus verzichten. Wir sind auf verläßliche Beziehungen angewiesen und wissen den Wert geregelter Einkünfte zu schätzen. Eine Wanderexistenz, wie sie hier in Jesu Wort anklingt, ist nicht unsere Sache.

Es hat Zeiten gegeben, in denen war das anders. Ich denke nur an die 60er Jahre mit der Studentenbewegung, der Musik von Bob Dylan oder Joan Boaz, wo in der Tat millionenfacher Aufbruch geschah, wo Stillstand Rückschritt genannt wurde. Wo die radikalen Worte Jesu neue Anhängerinnen und Anhänger fanden. Heute gibt es diesen Drive nicht mehr; nicht die gemeinsamen Träume und das Gefühl, zusammen etwas erreichen zu können. Der Einzelne sieht sich als Einzelner. Verbindende Worte und Symbole schwinden. Jeder macht »sein Ding«, denkt an sich und kümmert sich um das eigene Ich – »sonst tut's doch keiner«.

Das Wort Jesu, mit dem Verbot zurückzublicken, erinnert daran, daß zum wirklichen Leben das Aufbrechen und Abschiednehmen gehören, und daß Ruhe kein Wert an sich ist. Und in der Tat sind die interessanten Geister doch die, die Fragen stellen, die nicht alles schlucken, sondern neu begreifen und sehen lernen wollen. Wir schlafen ein, wenn wir immer das gleiche hören: die gleichen Sorgen, die gleichen Beobachtungen oder die gleichen Freuden. Ich kannte jemanden, der machte jahrzehntelang im gleichen Monat, mit den gleichen Personen, in der gleichen Pension die gleichen Ferien. Da konnte nichts Neues, nichts Aufregendes und nichts Ungewöhnliches berichtet werden. Gleichmaß bis zum Ende.

Jesu Wort, wenn man es ernst nimmt, reißt aus dem Trott jedes Gleichschritts. Unser Leben soll kein Eintopf sein, sondern ein Gericht mit vielen individuellen Zutaten, Erfahrungen und Farben, die je ihre eigene Bedeutung haben. Wir sollen bewußt nach vorne leben und uns nicht einfach nur leben lassen.

Gilt das auch für ältere Menschen, die ja angeblich die besten Zeiten schon hinter sich haben? Die Sehnsucht über den Augenblick hinaus ist an kein Alter gebunden. »Eure Alten sollen Träume haben« sagt Petrus in der Pfingstpredigt. Keine Generation muß sich hier vorzeitig verabschieden oder darf sich zur Ruhe setzen. »Wer seine Hand an den Pflug legt und sieht zurück, der ist nicht geschickt für das Reich Gottes«, dies ist eine bleibende Einladung, das Leben auf Zukunft hin zu gestalten. Der Theologe Fulbert Steffensky hat in diesem Zusammenhang von der »beschwerlichen Schönheit des Alters« gesprochen. Unser Bibelwort lädt dazu ein, sie zu erleben und mit ihr zu ringen.

Amen.

Lieder: In allen meinen Taten (EG 368, 1–4)
Laß uns den Weg der Gerechtigkeit (EG 675, 1–4)

Psalm: 25, 1.2a.3a.4–6

Gebet: Gott, in mir ist Dunkel. Aber bei Dir ist Licht.
Ich bin einsam. Aber Du verläßt mich nicht.
Ich bin mutlos. Aber Du hilfst mir.
Ich bin unruhig. Aber Du schenkst mir Frieden.
In mir ist Bitterkeit. Aber bei Dir ist Geduld.
Ich verstehe Deine Wege nicht. Aber Du weißt den Weg für mich.
Amen. (Dietrich Bonhoeffer)

Christoph Berthold

LÄTARE

Wenn das Weizenkorn nicht in die Erde fällt und erstirbt, bleibt es allein; wenn es aber erstirbt, bringt es viel Frucht. (Johannes 12, 24)

Verglichen mit einem Kürbis oder einer Kartoffel ist ein Weizenkorn eine winzig kleine Frucht. Nimmt man es in die Hand, spürt man kaum sein Gewicht. Man ahnt gar nicht, was in ihm steckt. Doch wenn es im Oktober in den Boden fällt und in feuchter Erde zu quellen und zu keimen beginnt, im November an die Oberfläche stößt und das erste Blatt ausstreckt, im kalten Winter Schnee und Eis übersteht, im Frühjahr schon in Büscheln steht, im Mai und Juni Ähren bildet und blüht, sich nach Wind und Regen immer wieder aufrichtet und im August aus der einen unscheinbaren Frucht viele Halme und viele Ähren geworden sind, goldgelbes und erntereifes Korn – dann spürt man in diesem Ablauf etwas vom Wunder und von der Kraft des Lebens. Ein kleines Weizenkorn! Aber es muß in die Erde, es muß erst sterben.

Und wenn es nicht ausgesät wird, rein und unversehrt aufbewahrt wird, ausgelegt auf der Fensterbank? Es wird alt und grau, es schrumpelt und wird steinhart. Es bleibt am Leben, aber es ist lebend schon tot. Nichts regt sich, nichts bewegt sich.

Jesus hat oft in Bildern gesprochen, die er aus der Natur genommen hat: vom Weinstock und vom Feigenbaum, von den Lilien auf dem Felde und den Vögeln unter dem Himmel. Seine Zuhörer, die Bauern und Fischer am See Genezareth verstanden diese Sprache, und sie merkten wohl auch, was er mit dem Bild vom Weizenkorn sagen wollte: Wer sein Leben festhalten will, für sich, der wird es verlieren – wer aber sein Leben loslassen kann, sich opfert, oder zumindest etwas vom eigenen Leben opfert, der wird es vermehren.

Nun wissen wir aber auch, daß man mit dem Wort »Opfer« behutsam umgehen muß. Es ist allzu oft mißbraucht worden. Der Tod in den Schützengräben, der Tod auf den Schlachtfeldern, der Tod von Millionen Deutschen, Russen und Franzosen – immer wieder ist er als »Opfer für Volk und

Vaterland« glorifiziert worden. Sind diese Menschen wirklich bewußt für Freiheit und Gerechtigkeit gestorben, oder sind sie nicht um der Macht, um des Ruhmes, um der Ideologie willen in den Tod getrieben, geopfert worden? All diese angeblichen Opfer, für die Partei, für die Revolution, für die Wissenschaft, auch für den Glauben, die Religion, und jetzt die vielbeschworenen Opfer für die Wirtschaft, für den Standort Deutschland – ohne Sinn und Verstand, eine Geschichte von Hochmut und Lüge! Laßt uns bei dem Wort »Opfer« wachsam sein!

Und doch gibt es das: Daß Menschen Nachteile in Kauf nehmen und etwas von ihrem Leben opfern, damit andere leben oder besser leben können. Ich rede jetzt nicht von den christlichen Märtyrern, deren Blut nach einem alten Wort »der Same der Kirche« war. Nicht von Janusz Korczak, der mit seinen Waisenkindern in die Gaskammer ging, um sie beim Sterben nicht allein zu lassen. Und auch nicht von Arnulfo Romero, dem Erzbischof von San Salvador, der erschossen wurde, weil er sich auf die Seite der entrechteten und hungernden Landarbeiter stellte. Ich rede von unspektakulären Opfern, die keine Schlagzeilen machen.

Ärzte opfern ihren Jahresurlaub, um in den Slums von Kalkutta, Dakar oder Manila kranken Menschen zu helfen. Unentgeltlich. Mit Ambulanzen und Impfprogrammen – im Rahmen der Initiative »Ärzte für die 3. Welt«. »Wir sind für die Armen da, die keinen Arzt bezahlen können«, sagen sie. Und: »Wer einmal das Leben der Menschen in Slums geteilt und das Brot der Armen gegessen hat, kommt als ein anderer Mensch zurück.«

Oder: Ich kenne eine Gruppe von fünf, sechs Leuten, die seit 20 Jahren jede Woche einmal zusammenkommen, um sich mit Briefen, Petitionen, Ständen in der Fußgängerzone, Vorträgen, Gottesdiensten und kleinen Konzerten für politische Gefangene in anderen Ländern einzusetzen: Die kleine Gruppe von amnesty international in einer westfälischen Kleinstadt.

Und: Neulich hörte ich von vier Jugendlichen, die im Rahmen eines Schulprojektes mit dem psychiatrischen Krankenhaus am Rande ihrer Stadt in Kontakt kamen und nun seit zwei Jahren an zwei Nachmittagen in der Woche mit Patienten Sport treiben, spielen und spazierengehen. Siebzehnjährige Jungen, die ihre Freizeit opfern, um psychisch kranken und behinderten Menschen das Leben etwas angenehmer zu gestalten.

Wenn ich so etwas höre, rührt es mich an. Denn eine Wahrheit kommt hier zum Vorschein, die in der Geschäftigkeit und in den Sachzwängen des Alltags meist verdeckt bleibt. Da hat einer nicht zunächst an sich gedacht, sondern hat Nachteile und Verluste in Kauf genommen, um andern beizustehen – und hat damit getan, was wir alle hätten tun können, wenn wir nicht so bequem oder feige wären. Liebe ist das, was letztlich zählt, Liebe und Hilfe ohne Eigennutz und Berechnung. Wenn man sie erlebt, wirkt sie noch lange nach.

»Wenn das Weizenkorn nicht in die Erde fällt und erstirbt, bleibt es allein; wenn es aber erstirbt, bringt es viel Frucht.« Jesus hat mit diesem Satz seinen eigenen Weg beschrieben. Da hat einer stellvertretend für alle sein Leben hingegeben aus Liebe. Seit fast 2000 Jahren wird diese Geschichte unter Christen erzählt – oft mit zu vertrauten Formeln und Sätzen, so daß mit Aufmerksamkeit nicht immer zu rechnen ist. Jugendlichen erzähle ich sie darum manchmal anders:

In einer Stadt des amerikanischen Westens war nach unruhiger Zeit endlich Ruhe und Ordnung eingekehrt. Jeder Bürger hatte seinen festen Platz in der Gesellschaft. Denn jeder hatte ständig sichtbar ein »Kennzeichen« zu tragen, an dem sein Wert genau abzulesen war: Der Bürgermeister A-12, der Schuhputzer T-67.

Eines Tages kommt mit der Postkutsche ein Fremder in die Stadt. Er hat keinen Koffer bei sich, er trägt keine Waffen, er redet mit den Leuten vor der Kneipe, er erzählt ihnen Geschichten. Und er sagt: »Es gibt eine andere Art, den Wert der Leute einzuschätzen, als ihnen eine Rangnummer zu geben.« Der Fremde findet Zulauf, die Leute hören zu, vergessen sogar zu trinken.

Erst nach mehrmaliger Aufforderung erscheint er beim Sheriff, bei dem er sich ordnungsgemäß anzumelden und sein Kennzeichen in Empfang zu nehmen hat. Er spricht den Sheriff mit seinem Namen an, den in der Stadt aber kaum einer kennt; doch das Kennzeichen gibt er schweigend zurück und geht.

Nun erscheinen der Gastwirt, der Bankdirektor und der Bürgermeister beim Sheriff und erklären, daß Ordnung und Sicherheit der Stadt im höchsten Maß gefährdet seien. Der Sheriff läßt darauf den Fremden verhaften, er erhebt Anklage und läßt ihn öffentlich hängen. Alle jubeln, keiner in der Stadt rührt eine Hand für den Fremden. Die Ruhe scheint wiederhergestellt.

Doch einige Tage später kommen Leute, ohne Kennzeichen, und behaupten, »sie hätten den Kerl gesehen – er würde leben.« Widerstandslos lassen sie sich festnehmen. Sie behaupten, der Fremde hätte ihnen das Kennzeichen abgenommen, und sie hätten jetzt ein anderes, in ihrem Herzen. Das Gefängnis füllt sich immer mehr. Jeden Tag kommen neue Bürger, ohne Kennzeichen, und behaupten: Wir sind frei.

Amen.

Lieder: Jesu, meine Freude (EG 396, 1.2.6)
Korn, das in die Erde (EG 98)
Psalm: 84, 6–13
Gebet: »O Herr, mach mich zu einem Werkzeug Deines Friedens, daß ich Liebe übe, wo man sich haßt, daß ich verzeihe, wo man sich beleidigt ...« (Franziskanisch)
Amen.

Hans-Martin Lübking

JUDIKA

Der Menschensohn ist nicht gekommen, daß er sich dienen lasse, sondern daß er diene und gebe sein Leben zu einer Erlösung für viele. (Matthäus 20, 28)

Von Afrikanern aus Tanzania habe ich das Märchen gehört, wie die Affenkinder erfuhren, wer sie sind und wie sie heißen. Da wird erzählt, wie die Affenmutter immer wieder die Frage wegdrängt, nun doch endlich den Kindern zu sagen, wie sie denn heißen. Erst als ein Bauer sie beim Mais-Stehlen vor seinem Haus erwischt und ihnen empört nachruft: »Ihr unverschämtes Affenvolk!« – da erfahren sie ihren Namen. Das kleine Affentheater wird nicht nur in Afrika aufgeführt. Wer bin ich? Da ist die schlimme Erfahrung, daß die Menschen in ihrem ureigenen Lebensraum sich nicht selbst bestimmen dürfen. Sie werden von anderen beherrscht. Die Mutter kennt ihren eigenen Namen nicht und kann ihn ihren Kindern nicht sagen. Da ist die alltägliche Erfahrung, daß Familien ihre einfachen Lebensbedürfnisse streitig gemacht werden. Daß Menschen und Affen Hunger haben, ist schon unverschämt, wenn sie nicht wenigstens nützlich sind.

Wir Europäer haben diesem jungen afrikanischen Märchen den Hintergrund geschaffen und lösen uns mühsam davon. Wir haben die Afrikaner zu Affen gemacht, die ihre Namen und ihre Geschichte und Kultur nicht kennen, die heruntergeputzt werden. Aber dies alles ist auch bei uns so märchenhaft gar nicht. Auch unser Leben ist beileibe nicht frei von Zwängen. Auch bei uns werden Menschen zu Affen gemacht. Wer bin ich? heißt immer auch: Wer bestimmt über mich? Für wen und wozu bin ich da? Wo ist in meinem Leben die Aktion, und wo ist die Passion, und wie ist beides ineinander verschränkt?

Jesus kritisiert die Herrschenden: Der Mensch ist nicht dazu da, daß er sich dienen läßt. Jesus gibt mit seinem Leben ein anderes Vorbild. Er ermutigt alle, die Herrschaft abbauen und Gemeinschaft stärken: Dazu ist der Mensch da, daß er sich in Dienst nehmen läßt und befreiend wirkt, erlösend und belebend – in seinem unmittelbaren Umfeld und zeichenhaft weit darüber hinaus. Wir verharmlosen dieses Jesuswort, wenn wir das alles nur zur Sache Jesu machen, ihn als Menschensohn feiern und uns heraushalten. Kern des Evangeliums ist, daß Gott unsere Sache zu seiner gemacht hat! Gerade wenn Jesus der eine und einmalige Mensch Gottes ist, dann ist für uns entscheidend, daß wir mit dem Menschensohn selber das wirklich menschliche Leben lernen und in unseren Aktionen und Passionen Gestalt gewinnen lassen.

Südamerikanische Christen zeigen Jesus als Indio, als indianischen Landarbeiter, der gekreuzigt ist an die Werkzeuge seiner täglichen Arbeit, an den Spaten, mit dem er die Erde umgräbt, und an die Forke, mit der er weiter auf dem Land arbeitet, das nicht ihm gehört. Auch das Gerät ist eben nicht Eigentum, sondern das Fronwerkzeug seiner Herren. Das Gesicht des Indios bleibt von einem Hut verdeckt. Die Christliche Initiative Romero hat diese indianische Kreuzigung als Passions- und Hoffnungszeichen aufgenommen. Sie erinnert damit an den unvergessenen Erzbischof von El Salvador, an Romero, der so einfach und ermutigend und befreiend im Geist des Evangeliums lebte, daß ihn die Mächtigen ermorden ließen. Mit seinem Vorbild bedrohte er die eigensüchtige Macht der Mächtigen.

Jesus sagt und zeigt, daß Gottes Würde angetastet wird, wo ein Mensch unterdrückt wird und nicht Mensch sein darf. Jesus setzt sein Leben dafür ein und ruft uns in seine Nachfolge, daß wir um Gottes und der Menschen willen das Menschenrecht für alle suchen, es einander schenken, miteinander darum streiten, füreinander darum kämpfen. Die Passion Jesu ist Erinnerung – und sie ist Gegenwart im Leiden der Menschen, die von anderen zu Affen gemacht werden, im Leiden der Menschen, die heute unterdrückt und gekreuzigt werden. Wir sind keine Zuschauer. Wir sind Menschengeschwister des Menschensohns.

Amen.

Lieder: Nun gehorchen unsere Herzen (EG 93)
Holz auf Jesu Schulter (EG 97)
Das Wort geht von dem Vater aus (EG 223)

Psalm: 43

Gebet: Gott, Du verletzt Dich daran, daß Menschen einander unterdrücken. Mach uns empfindlich für alles Unrecht in der Nähe und in der Ferne, daß wir in Deinem Namen Gerechtigkeit suchen und mit Jesus Christus, dem Gekreuzigten und Auferstandenen, das Leben finden und feiern.
Amen.

Gerd Lautner

PALMSONNTAG

Der Menschensohn muß erhöht werden, damit alle, die an ihn glauben, das ewige Leben haben. (Johannes 3, 14.15)

Nachtgespräche haben es in sich. Da geht es oft bis an den Kern, da fällt alles weg, was entbehrlich ist. Wahrscheinlich deswegen halten wir so ganz viele von ihnen nicht aus, aber die begleiten uns dann. Nikodemus, so erzählt und komponiert es Johannes, sucht Jesus in der Nacht auf.

Wir erfahren nicht, was er anfänglich wissen will, und auch nicht, was er mit dem anfängt, das er dann hört. Ein Satz daraus ist zum geflügelten Wort geworden, »der Geist weht, wo er will«. Das Wort »vom Menschensohn, der erhöht werden muß« gehört auch in dieses Gespräch; es ist so leicht eingängig nicht mit seinem Bogen vom Gekreuzigten über die Glaubenden zum ewigen Leben. Überhaupt geht das mit dem Kreuz nicht so kurz und knapp, nicht mit ja oder nein.

In meinem Zimmer habe ich ein Holzkreuz hängen, das ich vor Jahren einmal geschenkt bekam. Es ist einfach und ungelenk geschnitzt, einen Meter ungefähr hoch und stammt aus dem Indonesischen Hochland. Es ist nicht besonders alt, nur eben von weit her. Am langen Stamm ein kurzer Querbalken, den seine Hände am Ende umfassen. Es sieht mehr danach aus, als trügen die Hände den Balken, als daß er an ihm hinge. Glatt, wie ins Holz hineingewachsen, ist der Körper in Umrißlinien in den Stamm geschnitzt. Er hat ein lachendes, strahlendes Gesicht in der Art von »Punkt-Punkt-Komma-Strich« Kinderzeichnungen.

Es hat eine ganze Weile gedauert, bis ich einen Zugang zu dieser Art, den Gekreuzigten darzustellen, fand. Es sind die Farben, von denen ich noch nicht erzählt habe: Auf dem naturdunkelfarbenen Braun des Holzes ein Weiß wie Leichenfahlheit und Tod und ein Rot wie pulsierendes Leben. Sie sind aufgetragen in die Schnitzlinien von Körper und Kopf; es sieht so aus, als ob der Körper sich vom Holz löst und aus ihm heraustritt. Beide Farben sind in einem einfachen, faszinierenden Schema angewendet: Sie stehen sich immer gegenüber und gehören immer zusammen. Die Kopflinie weiß, wie vom Tod umgeben; Leben inmitten des Todes, ein Tod, der das Zentrum, die Mitte nicht erreicht.

Der Menschensohn, der erhöht werden muß, wird in diesem Holzkreuz für mich zum Bild des Lebens – so wie Leben und Tod in mir sind und doch Leben bleiben.

Was Nikodemus aus dem Nachtgespräch mit Jesus mitnahm, erzählt Johannes nicht. Vielleicht war es etwas von der Fröhlichkeit dieses lachenden Gesichtes meines Holzkreuzes, das durch das Miteinander von Leben und Tod hindurchstrahlt und das sich von der Vielfalt des Lebens nicht wegreißen und von der Angst des Todes nicht brechen läßt; es weist auf den Schöpfer des Lebens hin, der auch mein Schöpfer ist und mein Erhalter.

Amen.

Lieder: Du großer Schmerzensmann (EG 87, 1.3)
Holz auf Jesu Schulter (EG 97)
Psalm: 22, 20.23.29.30
Gebet: Wir versuchen beides immer, Herr,
ängstlich und sorgfältig auseinanderzuhalten,
Tod und Leben.
Wir versuchen den Tod vom Leben fernzuhalten
und merken meist nicht, wie sehr wir es so an ihn verlieren.
Wir jagen dem Leben nach,
um dem Tod zu entgehen
und laufen dabei voll in seine Fänge.
Wenn wir merken, daß das nicht klappt
und zu reden anfangen,
der Tod wäre nicht schlimm,
das hilft dem schlimmen Tod nicht ab.
Daß Du ihn am Kreuz mit dem Leben
überwunden hast,
das hat ihn zu Tode gebracht;
darin laß uns leben in unserem Leben,
darauf vertrauen.
Amen.

Detlef Reichert

OSTERN

Christus spricht: Ich war tot, und siehe, ich bin lebendig von Ewigkeit zu Ewigkeit und habe die Schlüssel des Todes und der Hölle. (Offenbarung 1,18)

Wer es leichter und sofort haben will, benutzt das Parfüm Calvin Kleins: »Eternity«. Ewigkeit hautnah.

Die Fragen und die Angst, die uns treibt, sind bei allen Menschen gleich. Die Angst vor dem Tod und das Bedürfnis, Übersinnliches sinnlich (be)greifen zu können, liegt in der Natur des Menschen.

Es geht ums Ganze, um den Kern menschlichen Daseins schlechthin. Geboren werden und Sterben sind Eckdaten jeden Lebens. Der Frage nach dem Sinn, nach dem »Woher und Wohin« kann letztlich keiner ausweichen. Früher oder später verlangt sie nach einer Antwort.

Allein die Antwort fällt unterschiedlich aus. Während die Werbung – durch den Kauf eines entsprechenden Parfüms – Ewigkeit sofort verspricht, bietet die christliche Religion seit 2000 Jahren harte Kost an, fordert Verzicht und Rücksichtnahme, verbindet Vergangenheit und Zukunft.

Christus, der gekreuzigt und gestorben ist, der hinabgefahren ist in das Reich des Todes, um am dritten Tage wieder aufzuerstehen von den Toten und sich zur Rechten Gottes, gesetzt hat, hat so dem Tod die Macht genommen.

Übersinnliches wird so begreifbar: Die Schlüssel für die Pforte des Totenreiches hält der Auferstandene persönlich in seinen Händen. Vertraue ich mich ihm an, bin ich gerettet trotz Hölle und Tod.

Worin liegt der Unterschied zwischen dem Kauf eines Produktes und dem Glauben an die Auferstehung Christi?

Durch den Kauf von Waren werden Sehnsüchte und Bedürfnisse sofort gestillt. Also: Der Liebe meiner Katze kann ich gewiß sein, wenn ich *Sheba* kaufe. Oder: Von Gefühlen muß ich nicht länger abhängig sein, ich kann sie steuern in der C-Klasse von *Mercedes.* Oder: Der Mensch schafft ein Paradies auf Erden, indem er die Jeans von *Otto Kern* trägt. Und: Alle Menschen finden zusammen bei dem Genuß einer Zigarette von *Stuyvesant.* Die Werbung verspricht beim Konsum bestimmter Produkte Befriedigung ungestillter Sehnsüchte. Das Produkt bzw. die Werbung bietet demzufolge Lebens*hilfe* pur. Der Mensch als Konsument verhält sich dazu, indem er es kauft. Kaufen wird so zum Bekenntnisakt. Es ist längst nicht mehr egal, welchen Wagen wir fahren, welche Kleidung wir tragen, welches Parfüm wir benutzen, womit wir unsere Wäsche waschen und was wir unseren Gästen vorsetzen. Wer's kauft, wird selig.

Der scheinbare Vorteil liegt auf der Hand. Ich kaufe, also bin ich. Und unversehens ist der Mensch selbst zum Objekt verborgener Mächte (Mächtiger) geworden, hat seine Subjektivität (Seele) auf diese Weise verkauft. Ziel ist es fortan, genügend Geld zur Verfügung zu haben, um nie mehr bedürftig und unbefriedigt zu bleiben.

Christliche Botschaft dagegen ist unverkäuflich, gratis und verspricht Heil und Erlösung nicht unmittelbar. Ihre Gestalt ist unscheinbar und wirkt eher abschreckend. Sie ist anstrengend, weil sie den ganzen Menschen fordert, weil sie Rücksicht und Verantwortung für andere/anderes verlangt. Sie bewahrt nicht vor Schmerz und Leid.

Was macht die christliche Botschaft dennoch so attraktiv? Warum gibt es auch heute noch Menschen, die an eine göttliche Kraft glauben (57 % der Deutschen tun es, so das Ergebnis einer vom Deutschen Sonntagsblatt anläßlich des Evangelischen Kirchentags 1997 bei EMNID in Auftrag gegebenen Umfrage.)? Menschen, die sich trotz *harter Kost* dem Traditionellen zuwenden?

Christus spricht: Ich war tot, und siehe, ich bin lebendig von Ewigkeit zu Ewigkeit und habe die Schlüssel des Todes und der Hölle. (Offenbarung 1, 18)

Das Besondere christlichen Glaubens *ist* seine Lebendigkeit, die alle Seiten des Lebens kennt und bewahrt und nicht verleugnen muß. Eine Lebendigkeit, die um ihre Vergänglichkeit weiß. Starkes und Schwaches, Gesundes und Krankes, Versuchte und Versuchende, ... haben hier ihren Raum. Christlicher Glaube lebt in Beziehung, stiftet Gemeinschaft, die Schwaches stärkt und Überheblichkeit aushält.

Amen.

Lieder: Wir haben Gottes Spuren festgestellt (EG 648)
Er ist erstanden, Halleluja (EG 116)
Psalm: Hoheslied, 8,6–7
Gebet: Lebendiger Gott,
Deine Liebe ist stärker als der Tod.
Ich muß nicht verleugnen,
was mein Leben schwer macht.
Meine Verwundungen sind Zeugen
lebendiger Tage und
Orientierung für zukünftige.
Lebendiger Gott,
Deine Liebe macht mich stark.
Amen.

Günter Törner

QUASIMODOGENITI

Gelobt sei Gott, der Vater unseres Herrn Jesus Christus, der uns nach seiner großen Barmherzigkeit wiedergeboren hat zu einer lebendigen Hoffnung durch die Auferstehung Jesu Christi von den Toten. (1. Petrus 1,3)

Es war in einem Frühjahr, als ihr Mann starb.

Seit längerem war er schon krank, aber dieser Herzanfall kam doch so erschreckend plötzlich und heftig: Der Rettungsdienst konnte ihn nicht mehr retten. Noch auf der Fahrt ins Krankenhaus starb ihr Mann. Kaum 60 Jahre alt. Und es schien so, als sei mit ihm auch etwas von der Frau gestorben. Sie ließ ihrer fassungslosen Traurigkeit freien Lauf: Ihr Gesicht wirkte eingefallen, unter den vom Weinen geröteten Augen hatte sie tiefe schwarze Ränder, ihre Haare hingen strähnig herunter. Sie hatte einen alten schwarzen Pullover angezogen und einen längst unmodernen schwarzen Rock.

Vor der Beerdigung hatte sie furchtbare Angst. Sie wollte nicht den Sarg sehen, das Grab, die Erde und die Kränze. All diese sichtbaren Beweise, daß ihr Mann wirklich tot war, waren ihr unerträglich. Daß ihre gemeinsame Geschichte zuende sein sollte und ihre Zukunftspläne zunichte, das wollte sie nicht wahrhaben.

Die Frau überstand den Tag leise weinend, sprach kaum mit jemandem. Kein Mensch wußte, wie's in ihr aussah.

Und sie fühlte sich unverstanden von den Nachbarn, traf sich auch nicht mehr mit ihren Freundinnen.

Auf den Friedhof zum Grab ihres Mannes ging sie nicht mehr. Stattdessen vergrub sie sich in ihrer Wohnung: Sie hielt die Fenster geschlossen, die Vorhänge zugezogen.

Überall in der Wohnung hatte sie Fotos von ihrem verstorbenen Mann aufgestellt. Aufnahmen aus den 60er und 70er Jahren und solche aus der letzten Zeit.

Auf einem Tischchen im Wohnzimmer stand ein Bronzekopf ihres Mannes, der einmal zu einem Jubiläum angefertigt worden war.

Die Frau nahm die Skulptur oft in die Hände: ganz behutsam, so als könne sie zerbrechen. Sie betrachtete die Gesichtszüge, streichelte sanft die kalten, harten Konturen. In ihrer Phantasie war sie dann wieder mit ihrem Mann zusammen. Lange lebte die Frau so versunken.

Mochte draußen das Leben der Gegenwart stattfinden, drinnen in ihrer Wohnung war es Vergangenheit.

Aber so blieb es nicht.

Irgendwann kam der Augenblick, als sie zum ersten Mal wieder die Vorhänge aufzog, die Fenster öffnete, die frische Luft tief einsog und die warmen Sonnenstrahlen im Gesicht spürte. Irgendwann ging sie zum ersten Mal wieder zum Grab. Irgendwann begann sie, das Rosenbeet, das ihr Mann angelegt hatte, zu pflegen. Irgendwann erzählte sie ihren Enkeln wieder Geschichten.

Das Leben hatte gewonnen. Unmerklich hatte es sich durchgesetzt. Und die Frau hatte ihre Gegenwart wiedergefunden, ihre Lebendigkeit und ihre Hoffnung.

Sie begann neu zu leben.

Amen.

Lieder: In der Mitte der Nacht (Singt dem Herrn 266)
Manchmal feiern wir mitten im Tag (Mein Liederbuch 2, B 145)

Psalm: 116, 1–9

Gebet: »Ich glaube an die Auferstehung der Toten und das ewige Leben« ... Gott, wir möchten das nicht bekennen im Tonfall der Gewohnheit. Aufatmend, aus vollem Herzen möchten wir es sprechen können. Hoffnung und Lebensfreude möchten wir dabei spüren.

Rühre uns an, Gott des Lebens, damit wir den Pulsschlag der Hoffnung spüren, der uns lebendig hält. Wecke die Ewigkeit, die Du uns ins Herz gelegt hast, damit wir uns wie neu geboren fühlen können. Denn wir möchten Dich dankbar und staunend loben, als sei es das erste Mal: Gott, Du schenkst uns unser Leben neu durch die Hoffnung, die Du in uns säst.

Amen.

Andrea Seils

MISERICORDIAS DOMINI

Christus spricht: Ich bin der gute Hirte. Meine Schafe hören meine Stimme, und ich kenne sie, und sie folgen mir; und ich gebe ihnen das ewige Leben. (Johannes 10, 11.27.28)

Selbstbestimmung, das ist eines der Schlüsselwörter unserer Zeit. Ich möchte mein Leben selbst in die Hand nehmen. Ich möchte nicht, daß andere über mich bestimmen. Ich möchte tun und lassen, wonach mir ist. Ich will nicht immer nur das tun, was andere von mir erwarten. Ich möchte mein Leben nicht ständig von anderen formen lassen. Ich will Selbstbestimmung, will mein eigener Herr oder meine eigene Herrin sein. Oder, mit einem biblischen Bilderwort gesprochen: Ich will mein eigener Hirte sein.

Ich bin aber niemals mein eigener Hirte. Die Selbstbestimmung meines Lebens gelingt mir bestenfalls ansatzweise. Immer nämlich bin und bleibe ich abhängig von anderen. Darum sind es immer auch andere, die mein Leben entscheidend mitbestimmen. Als Kleinkind bin ich abhängig von der Fürsorge und Liebe meiner Eltern. Ich bleibe abhängig vom Wohlwollen meiner Freundinnen und Freunde. In der Schule bin ich abhängig von Lehrerinnen und Lehrern, später im Beruf dann von Vorgesetzten. Vielleicht begebe ich mich in die Abhängigkeit von einem Ehepartner und dann von eigenen Kindern; das können sehr schöne Abhängigkeiten sein. Werde ich krank, kann ich von Medikamenten abhängig sein; das ist mitunter eine lebensrettende Abhängigkeit. Oder ich kann abhängig werden von Alkohol oder anderen Rauschgiften; das ist dann eine lebensbedrohende Abhängigkeit.

Abhängig bin ich auch von der Wirtschaftslage, die mir Arbeit ermöglicht oder Arbeitslosigkeit beschert. Und abhängig bin ich von der großen Politik. Abhängig bleibe ich nicht zuletzt auch von mir selber, meinem Erbgut, meiner Erziehung, meinen Fähigkeiten. Und abhängig bin ich von den Ideen, die für mich wichtig sind, von der Weltanschauung, nach der ich mich ausrichte, von der Religion, die mich überzeugt.

So sehen die vielen Fremdbestimmungen aus, die meiner

Selbstbestimmung Grenzen setzen. Immer sind es andere Hirten, die nach mir rufen, auf deren Stimme ich höre und denen ich dann folge, weil ich von ihnen etwas für mein Leben erwarte.

Und dann ist da dieser eine Hirte, der auf mich wartet, der mir sagt, daß er mich bereits kennt, der hofft, daß ich ihn höre, dann auf ihn höre und schließlich ihm gehöre, der mir nicht nur etwas, sondern der mir das Entscheidende für mein Leben sagen und geben will. Sein Name ist Jesus aus Nazaret.

Dieser Jesus schenkt mir reinen Wein ein. Selbstbestimmung verspricht er mir nicht. Gottesbestimmung, das ist sein erklärtes Ziel. Jesus will, daß ich mein Leben von Gott bestimmen lasse. Jesus will, daß ich von Gott abhängig werde, von seinem Wohlwollen, seinem Urteilen, seinem Willen. Zu Gott führt der Weg, auf den der gute Hirte Jesus mich lockt.

Wie Gottes Wohlwollen, sein Urteilen und sein Willen aussehen, das kann ich an Jesus selber ablesen. Jesus ist ja das personifizierte Wohlwollen, das personifizierte Urteilen, der personifizierte Wille Gottes. Wenn ich mich von diesem Jesus überzeugen lasse, wenn ich an ihn glaube, dann ist er für mich der gute Hirte.

Und nun geschieht etwas sehr Eigenartiges. Weil ich mich durch Jesus fremdbestimmen lasse, weil ich durch Jesus gottbestimmt werde, wächst das Maß meiner Selbstbestimmung. Ich fühle mich nämlich weniger abhängig vom Wohlwollen und vom Urteilen anderer. Weil ich seine Stimme kenne, werde ich kritisch gegenüber anderen Lockrufen. Weil ich ihm folge, muß ich nicht allem möglichen hinterherlaufen. Die Gottbestimmtheit meines Lebens ermöglicht es mir, daß ich in den vielen Fremdbestimmungen meines Lebens ein Stückchen freier, ein Stückchen gelassener, ein Stückchen mutiger und in alledem ein Stückchen selbstbewußter und selbstbestimmter werde. Der Ruf dieses Hirten ist der Ruf in die Freiheit.

Amen.

Lieder: Der Herr ist mein getreuer Hirt (EG 274)
Laß uns in deinem Namen, Herr (EG 658)
Psalm: 23

Gebet: Gott, leite und begleite uns. Laß uns für unser Leben die richtigen Grundentscheidungen treffen. Mach uns deinen Willen so lieb, daß wir nicht mehr ohne ihn leben wollen. Gib uns die Einsicht, Jesus als Hirten anzuerkennen. Laß uns durch Jesus erkennen, was Du von uns erwartest, welchen Weg Du für uns willst, worauf wir uns verlassen können. Sei bei uns alle Tage unseres Lebens. Leite und begleite uns.
Amen.

Werner M. Ruschke

JUBILATE

Ist jemand in Christus, so ist er eine neue Kreatur; das Alte ist vergangen, siehe, Neues ist geworden (2. Korinther 5,17)

Neue Kreatur ...,

meine Gefühle und Gedanken zu diesem Stichwort des Korinthertextes sind durchaus zwiespältig. Auf der einen Seite finden sich in unserer Alltagssprache Wendungen, die mit diesem Stichwort gute und angenehme Gefühle auslösen: »Alles neu macht der Mai« – die dunkle Jahreszeit ist vorüber, und neues Leben bricht auf.

»Ich fühle mich wie neugeboren« – die Erfahrung nach einem erholsamen Schlaf, der Kuraufenthalt nach einer körperlichen oder seelischen Krise, eine erfolgreiche Heilbehandlung.

Aber auf der anderen Seite klingt auch dieses an:

Wir werden den neuen Menschen schaffen – die Strategien in totalitären Staaten: politischer Druck, Umerziehung, Gehirnwäsche.

Oder die Möglichkeiten der Gentechnologie: Genomanalyse als Auswahlverfahren bei der Vergabe von Arbeitsplätzen. Wer ist für welchen Arbeitsplatz besonders geeignet, weil weniger anfällig für berufsbedingte Belastungen und Krankheiten?

Ist jemand in Christus, so ist er eine neue Kreatur ...

Es ist etwas geschehen, sagt Paulus. Mit Christus ist eine neue Zeit angebrochen. Diese neue Zeit ist etwas anderes als der Kreislauf von Werden und Vergehen. Diese neue Zeit steht auch nicht unter dem Diktat einer politischen oder religiösen Verordnung. Diese neue Zeit – so sagt es der Kontext unseres Verses – trägt den Namen Versöhnung. Mit Gott versöhnt zu sein bedeutet, ein anderes Leben zu beginnen.

Kann man das sehen? »Erlöster müßten die Christen aussehen«, stellte der Philosoph Nietzsche fest. Leben Christen anders?

Vor einiger Zeit besuchte ich einen Mann, der aus der Kirche ausgetreten war. »Was mich stört«, sagte er, »ist, daß die

Christen sich selbst nicht an das halten, was sie glauben. Sie predigen Frieden, aber in Nordirland schlagen sie aufeinander ein. Sie fordern Verzicht, aber wenn es ernst wird wie jetzt, können sie sich von ihrem Wohlstand nicht trennen. Sie sprechen von Nächstenliebe, aber in ihren Familien herrschen sie wie die Tyrannen.« Ich fragte ihn: »Wie stellen Sie sich einen Christen denn vor?« – »Wenn einer Christ sein will«, antwortete er, »dann darf er ja wohl keine schlechten Worte über seine Nachbarn reden; dann muß er ja wohl von seinem Geld etwas für die Armen abgeben; dann dürfte es unter Christen keine Ehescheidungen geben. Wenn sich heute sogar schon Pastoren scheiden lassen, dann zeigt das doch, daß das Christentum gar nicht zu verwirklichen ist. Darum bin ich auch aus der Kirche ausgetreten.«

Was sollte ich dem Mann antworten? Ich sagte ihm: »Ich habe den Eindruck, Sie werfen den Christen vor, daß sie noch Menschen sind.«

Nein, mit Gott versöhnt zu sein bedeutet nicht, nun eine neue Karriere als Übermensch zu starten. Christen sind auch nur Menschen, das ist tröstlich. Aber sie haben etwas, an das sie sich halten können, eine Überzeugung: daß Gott ihrem Leben einen Sinn gegeben hat, den sie sich nicht erst mühsam erarbeiten müssen, sondern der ihnen geschenkt wird. Wer diese Überzeugung ernst nimmt, der zieht daraus Konsequenzen. Sind es nicht gerade viele Christen, die der Ausländerfeindlichkeit in unserem Land entgegentreten? Die Not in den Ländern der »Dritten Welt«, die Situation der psychisch Kranken unter uns, die praktische Versöhnungsarbeit in den Ländern, die von Deutschland im 2. Weltkrieg überfallen wurden – sind es nicht immer wieder Christen, die sich hier engagiert haben und weiter engagieren? Und wer ist es, der sich gegenwärtig um die Wohnungslosen auf den Straßen kümmert?

Gewiß, viele behandeln ihr Christentum wie ein ruhendes Kapitel, aber andere setzen es ein, mehr als in der Öffentlichkeit wahrgenommen wird.

Die neue Kreatur in Christus ist nicht die vollkommene Kreatur, Christen sind nicht unbedingt die besseren Menschen. Aber ihre Kennzeichen sind oft genug Ehrlichkeit gegenüber sich selbst, der klare Blick für die oft brutalen Realitäten unserer Zeit und die Hoffnung auf Veränderung.

In Christus sein – das ist das Grundrecht des Menschen, ein anderer zu werden: »Neues ist geworden«. Dieses Grundrecht kann ihm von keiner Macht der Welt genommen werden: »Das Alte ist vergangen.«

Amen.

Lieder: Mit Freuden zart zu dieser Fahrt (EG 108)
O herrlicher Tag, o fröhliche Zeit (EG 560)

Psalm: 66, 1–9

Gebet: Gott, ich möchte gerne glauben, daß mit
Christus eine neue Zeit angebrochen ist.
Ich möchte gerne glauben an die heilende
Kraft der Versöhnung. Ich möchte mich
nicht abfinden mit Haß, Menschenverachtung und Gewalt. Gib mir die Kraft,
die nötigen Schritte zu tun.
Amen.

Heinz-Georg Ackermeier

KANTATE

Singet dem Herrn ein neues Lied, denn er tut Wunder.
(Psalm 98,1)

»Wir haben heute im Kinderchor ein neues Lied gelernt«, verkündete Karola stolz beim Abendessen und nahm sich ein paar Gurkenscheiben aus der Schüssel. »Wie heißt es denn?« fragte die Mutter. »Es heißt: 'Wir haben Gottes Spuren festgestellt auf unsern Menschenstraßen.' Herr Wermes, unser Kantor, hat gesagt, es ist ein modernes Loblied. Was ist das eigentlich, ein Loblied, Papa?« Der Vater war gerade dabei, ein Butterstückchen auf seinem Messer zu balancieren. Als es glücklich auf seinem Teller angekommen war, räusperte er sich. »Also, wenn ich z.B. zu dir sage: 'Du hast dein Zimmer wunderschön aufgeräumt, Karola', dann lobe ich dich.« »Das sagst du aber nie, Papa!« Karola sah ihren Vater herausfordernd an. Der zuckte ein wenig zusammen und stammelte: »Na ja, aber habe ich nicht neulich, als du eine Eins in der Mathe-Arbeit nach Hause brachtest, gesagt: 'Das hast du schön gemacht?'« Karola erinnerte sich. »Aber dann hast du gleich über meine Vier in Deutsch gemeckert. Deine Meckerei war länger als die Loberei!« »Man sagt nicht Loberei, man sagt *das* Lob, es ist sächlich.« Der Vater stieß die Worte hastig, aber nachdrücklich heraus, ehe er aus der vor seinem Gesicht gehaltenen Teetasse trank.

»Es stimmt«, sagte die Mutter. »Das Lob ist sächlich. Aber das Nicht-loben scheint männlich zu sein.« »Was soll das denn heißen?« Vaters Stimme klang ärgerlich. »Ich finde, Karola beschwert sich zu Recht. Du könntest mich auch öfter loben oder wenigstens mal 'danke' sagen, wenn ich die Wohnung aufgeräumt habe oder die Gardinen gewaschen oder – wie neulich – für den Abend mit deinen Kollegen Getränke eingekauft habe.« »Jeder von uns tut, was in seinen Kräften steht«, murmelte der Vater und verteilte, einen Strich neben den anderen setzend, die Butter auf seinem Brot. »Übrigens könnt ihr an Frau Neuhaus von Gegenüber sehen, wohin die Loberei führt.« Er sagte »Loberei«. Karola kicherte. »Jedesmal, wenn ich sie treffe, erzählt sie mir, was für ein toller Kerl ihr Mann ist. Dies ewige Loblied geht mir ziemlich auf die Nerven.«

»Du mußt es ja nicht wie Frau Neuhaus machen. Ich möchte ja nur, daß du siehst, was ich getan habe. Es ist immer das alte Lied: Du kommst abgespannt von deiner Arbeit nach Hause, mümmelst das Abendessen mürrisch herunter und verziehst dich dann in deine Hobby-Werkstatt.« Bei den letzten Worten stockte die Mutter und geriet ein wenig außer Atem. So deutlich hatte sie lange nicht zu ihrem Mann gesprochen. Dann fügte sie leise hinzu: »Oft fühle ich mich in diesem Hause wie in einer Tiefkühltruhe. So eisig kommst du mir vor!«

Darauf war es still. Nur das verhaltene Klappern der Messer und die Glucks-Geräusche beim Trinken waren zu hören. Da sang Karola plötzlich halblaut vor sich hin: »Liebe und Wärme in der kalten Welt.« Vater und Mutter guckten wie zwei Fragezeichen. Karola erklärte: »Liebe und Wärme in der kalten Welt ... so geht das Lied weiter, das wir heute gesungen haben. Herr Wermes sagt, das könnte eine Spur von Gott sein, wenn Menschen es in dieser Welt lieb und warm machen.« Der Vater holte tief Luft. »Ehe ihr mir mit der Tiefkühltruhe und dem lieben Gott kommt, will ich euch mal was sagen. Jeden Tag schufte ich im Betrieb in der Qualitätsprüfung meine Stunden ab. Immer wieder muß ich Leuten sagen, daß sie nicht anständig gearbeitet haben. Ihr könnt euch denken, daß mich dafür auch keiner lobt. Versteht bitte, daß ich um 18 Uhr erst mal fix und fertig bin. Im Hobby-Keller entspanne ich mich. Und wenn die Garderobe, die ich gerade für unsere Wohnung drechsele, fertig ist, dann hoffe ich, daß ich auch einmal von *euch* ein paar anerkennende Worte höre.« Die Mutter legte ihre rechte Hand auf Vaters Linke. »Ist ja schon gut«, flüsterte sie.

Als die Mutter und Karola am Samstagmorgen zum Frühstück kamen, war der Tisch gedeckt und ein dicker Strauß von Margeriten stand in seiner Mitte. In der Küche hörte man den Vater an der Kaffeemaschine hantieren. »Sieh mal, wie schön die Blumen sind«, rief die Mutter, »sie schauen einen so liebevoll an. So bescheiden sie sind, es sind wahre Wunderwerke.« »Also haben wir heute zwei Wunder«, sagte Karola,

»die Blumen und daß Papa Frühstück gemacht hat. Komm, wir sagen ihm, wie toll wir das finden!«

Am Tisch sang Karola ihren Eltern noch einmal das Lied vor, das sie am Sonntag im Gottesdienst singen würden. »Wir haben Gottes Spuren festgestellt auf unsern Menschenstraßen, Liebe und Wärme in der kalten Welt, Hoffnung, die wir fast vergaßen...« Als sie zu der Strophe kam »Blühende Bäume haben wir gesehn«, stieß die Mutter ihren Mann an und sang mit keckem Seitenblick: »Blühende *Blumen* haben wir gesehn, wo niemand sie vermutet.« Es wurde ein heiteres Frühstück.

Amen.

Lieder: Wir haben Gottes Spuren festgestellt (EG 648)
Singet dem Herrn ein neues Lied (EG 287)

Psalm: 98

Gebet: Gott, alte Lieder klingen manchmal langweilig. Aber noch mehr ödet uns das alte Lied an, das wir mit unserem Leben abspulen. Immer dieselben Redensarten, immer dasselbe Schweigen, immer derselbe Ärger. Wir haben verlernt, neugierig aufeinander zu sein, neugierig auf Dich. Öffne uns die Augen für Deine Wunder, dann können neue Töne in uns zum Klingen kommen und ein neues Lied für Dich. Amen.

Heinrich Halverscheid

ROGATE

Gelobt sei Gott, der mein Gebet nicht verwirft noch seine Güte von mir wendet. (Psalm 66, 20)

Einer verbreiteten Redewendung zufolge muß es einmal Zeiten gegeben haben, in denen das Beten noch geholfen hat. Nach meinem Eindruck ist das »verdammt lang her«, wie ein schönes Lied der Rockgruppe BAP heißt. Wenn ich ehrlich bin, glaube ich auch gar nicht, daß Beten jemals geholfen hat. Jedenfalls nicht so, wie es sich viele Menschen nett, aber naiv vorstellen: Man muß nur »richtig«, inständig, heftig, beharrlich genug beten, und dann wird Gott einen schon erhören und es richten.

Wenn man diese »Logik« umkehrt, dann wäre die Beterin, der Beter nämlich selbst schuld, wenn das Anliegen ihres, seines Gebetes nicht erfüllt würde: Er/Sie hätte dann »falsch« gebetet, eben nicht inständig, nicht beharrlich genug. Ein Gott, der auf solche Gebete reagierte, sich auf solches Beten einließe, wäre mir sehr suspekt und unsympathisch. Es wäre ein »magischer« Gott, der sich auf kindliche Tauschrituale einließe, dessen Handeln vom Menschen abhinge. Und ich, als Betende(r), hätte ihn gewissermaßen »in der Hand«: Ich könnte ihm durch »richtiges« Beten die Erfüllung meiner Wünsche abtrotzen.

Ein schöner Gott wäre mir das, und zugleich eine trostlose Perspektive für uns Menschen: Wenn es (nur) von uns abhinge, ob sich etwas bewegt und verändert, ein Problem sich löste, eine Frage beantwortet, eine Krise geklärt würde – kurz: die Welt sich bessern könnte ... Wie hoffnungslos müßte dann unser Leben sein! »Fromme« Menschen, die mir »raten«, ich müsse »nur richtig« beten, helfen und trösten mich nicht, sondern machen mir Angst. Wenn ich irgendwo aus dem Leistungsdruck aussteigen kann, dem ich mich in so vielen Bereichen meines Alltags stellen muß, dann doch im Glauben. Und im Gebet!

Aber: Wenn ich ehrlich bin, glaube ich auch nicht, daß Beten nicht(s) hilft. »Beten heißt, große Wünsche zu haben«, hat Dorothee Sölle einmal geschrieben. Nur wer noch Wünsche hat, ist noch nicht fertig mit sich und der Welt. Wer noch Fragen hat, sich nicht abfindet damit, daß vieles so ist, wie es ist, und daß vieles so bleiben soll, wie es (angeblich) immer schon war, wer nicht einverstanden ist mit seinem Unglück und der Ungerechtigkeit um ihn herum, der ist noch lebendig. »Wer sein Unglück genau benennt, der fordert sein Glück.« (D. Sölle) Beten kann vieles sein: Lob, Dank, Klage, Fluch ..., aber immer zeigt es: Mir ist nicht gleichgültig, was mit mir und anderen geschieht. Im Gebet behalte ich diese Haltung nicht bei mir, sondern spreche sie aus. Damit ist das Unglück noch nicht beseitigt und das Glück noch nicht ausgebrochen. Aber ich habe mein Verhältnis zu dem, was mich bewegt, geklärt, ausgesprochen, bewußtgemacht. Beten verändert nicht die Welt, sondern die, die es tun. Auf diese Weise »hilft« es eben doch. Aber anders, als viele oft meinen.

Gott erfüllt nicht all unsere Wünsche, aber all seine Verheißungen, hat Dietrich Bonhoeffer einmal geschrieben. Dafür kann man ihm danken, ihn loben; darauf kann man sich verlassen, deshalb kann man ruhig beten. Sollte es das sein, was der Beter des 66. Psalms meint, aus dem der Wochenspruch stammt: »Gelobt sei Gott, der mein Gebet nicht verwirft noch seine Güte von mir wendet«?

Amen.

Lieder: Es mag sein, daß alles fällt (EG 378)
Vater unser, Vater im Himmel (EG 188)
Psalm: 95, 1–7a
Gebet: Gott,
Du wartest auf unser Gebet.
Wir aber wissen oft nicht, was wir beten sollen.
Danken und Bitten, Loben und Klagen fallen uns oft schwer.
Gleichgültigkeit, Resignation, Sprachlosigkeit machen sich breit,
lähmen unsere Herzen und Zungen.
Wir bitten Dich um Kraft zum Beten
und um Vertrauen in Deine Verheißungen.
Amen.

Ulrich Kämmerer

EXAUDI

Christus spricht: Wenn ich erhöht werde von der Erde, so will ich alle zu mir ziehen. (Johannes 12, 32)

Ich bin sicher, daß bei der Auswahl dieses Bibelwortes als Wochenspruch das Fest Christi Himmelfahrt Pate gestanden hat. Die Ankündigung, »Wenn ich erhöht werde von der Erde«, ist, denkt man in biblischen Bezügen, am Himmelfahrtstag in Erfüllung gegangen.« Gen Himmel aufgefahren ist, Halleluja, der Ehrenkönig Jesu Christ, Halleluja« heißt es in dem Wochenlied. Christus ist zu Gott zurückgekehrt. Wir, die Seinen, und das ist die Verheißung, werden wieder mit ihm vereinigt sein.

Das ist keine leichte theologische Kost. Auch treue Kirchgängerinnen und Kirchgänger haben hier ihre Schwierigkeiten. Die Geburt Christi durch die Jungfrau Maria, seine Wunder in Galiläa und später die Auferstehung von den Toten sind schon nicht leicht nachzuvollziehen. Die Himmelfahrt aber sprengt völlig den Rahmen unserer Vorstellungskraft. Das war nicht immer so. Der mittelalterliche Altar meiner Heimatgemeinde hatte ein schönes Himmelfahrtsbild. Der Vorgang der Himmelfahrt wurde dort dargestellt. Man sieht Christus von Wolken umhüllt in einer Bewegung von der Erde weg. Die Jünger schauen ihm nach. Sie sehen nur noch die Beine des Entschwindenden.

Jahrhundertelang war diese Vorstellung tragfähig. Die Menschen stellten sich einen Himmel über der Erde vor. Als 1783 der erste Heißluftballon in die Lüfte stieg, dachten viele, durch die Eroberung der Lüfte käme die Menschheit Gott näher. Der Dichter und Philosoph Jean Paul rief aus: »Welch ein Glück wäre es, wenn ich mich gar selber hineinstürze in den Himmel und ich der Selige würde.«

Die Entwicklung der Luft- und Raumfahrt in unserem Jahrhundert haben solche Träume überholt. Heute kennt jedes Grundschulkind die Aussage der russischen Kosmonauten, ihnen wäre auf ihren Reisen kein Anhalt begegnet, der auf die Existenz eines Gottes schließen ließe. Die amerikanische Astronautin Lorin Acton hat das viel differenzierter erlebt. Sie hat das Verhältnis Weltraum und Erde mit folgenden Worten sehr eindrücklich beschrieben. »Als ich hinaufblickte in die Schwärze des Weltraums, übersät mit der Glorie eines Universums an Lichtern, sah ich Majestät – aber kein Willkommen. Unten gab es einen Planeten, der uns mit offenen Armen empfangen würde. Dort, unter dieser dünnen, sich bewegenden und unglaublich empfindlichen Biosphäre befindet sich alles, was uns teuer ist, spielen sich all die Dramen und Komödien der Menschheit ab. Dort gibt es Leben, dort sind alle guter Dinge.«

Lorin Acton klärt also die Beziehungen zwischen Weltraum – Himmel und Erde. Der endlose Weltraum ist zwar majestätisch, aber kalt und absolut lebensfeindlich. Das menschliche Leben findet auf der Erde statt. Der Himmel, und nun unterscheide ich zwischen Himmel und Weltraum, ist nicht über uns, sondern unter uns, sagt Acton. Gott kann also nicht oben, irgendwo im Weltraum angesiedelt werden, sondern wird hier gefunden. Der Theologe Gerhard Ebeling hat dieses Gegeneinander zwischen »Oben« und »Unten« dadurch aufgelöst, indem er sagt: »Nicht, wo der Himmel ist, ist Gott, sondern wo Gott ist, ist der Himmel.«

Im Zusammenhang des Wochenspruchs bereitet Christus seine Jüngerinnen und Jünger auf den Abschied von ihm vor. Abschied nehmen ist schwer, damals und auch heute. Von einer Ferienbekanntschaft, von einem Wohnort, von einer Lebensphase oder von einer wichtigen Beziehung. Besonders bitter ist der Abschied am Totenbett eines geliebten Menschen, wenn wir ihm ein letztes Mal die Hand drücken. Christus verspricht seinen Jüngerinnen und Jüngern, der Abschied von ihm sei nicht endgültig. Nur für eine kurze Zeit sei er nicht da. Aber dann komme er und bleibe er. Nun aber als der, den keine Macht der Welt von ihrer Seite reißen kann.

Christus nicht entrückt in den Weltraum, sondern Christus hier auf dieser Erde mit uns »bis an das Ende der Welt«. In diesem Glauben will uns das Wort aus dem Johannesevangelium bestärken. Der Himmel ist nicht in unerreichbarer Ferne, sondern hier unter uns in der Gemeinschaft mit Christus, von der auch der Tod nicht trennen kann.
Amen.

Lieder: Gen Himmel aufgefahren ist (EG 119)
Nun werden die Engel im Himmel (EG 563)

Psalm: 27

Gebet: Erwähle mich zum Paradeis
und laß mich bis zur letzten Reis
an Leib und Seele grünen,
so will ich Dir und Deiner Ehr
allein und sonsten keinem mehr
hier und fort ewig dienen.
Amen. (Paul Gerhardt)

Christoph Berthold

PFINGSTEN

Es soll nicht durch Macht und nicht durch Gewalt geschehen, sondern durch meinen Geist, spricht Gott, der Herr. (Sacharja 4,6)

Ich habe zwei Kinder. Von Anfang an habe ich mich bemüht, sie ohne Gewalt zu erziehen. Wenn ein Regenwurm über die Straße kroch, habe ich gesagt: Tritt nicht drauf! Pistolen, auch die mit Ballerplättchen, gab es nicht. Einmal habe ich meine Tochter geohrfeigt, da war sie sieben Jahre alt. Ich bereue es noch heute. Gewaltfrei wollte ich meine Kinder erziehen und zum Frieden.

Aber schon im Kindergarten mußte ich erleben, daß es immer andere Kinder waren, die das begehrte Spielzeug bekamen. Und auch in der Schule waren es nicht die Freundlichen und Zurückhaltenden, die im Mittelpunkt standen, sondern die Lauten und Rücksichtslosen.

»Es soll nicht durch Macht und nicht durch Gewalt geschehen, sondern durch meinen Geist, spricht Gott.« Gut gesagt – doch bei uns lernen Kinder von klein auf, daß man mit Macht und mit Gewalt offenbar weiterkommt.

Wer daran noch Zweifel hat, mache einen Tagestrip auf die Autobahn: Rechts überholen ist inzwischen nichts Seltenes mehr, und wer auf der Überholspur nicht schnell genug ist, wird oft genug bedenkenlos von der Fahrbahn geblinkt.

Kein Wunder, daß Selbstbehauptung und Durchsetzungskraft nach der neuesten Jugendstudie inzwischen zu den wichtigsten Werten bei 14- bis 25jährigen geworden sind.

Haben wir aufs falsche Pferd gesetzt, als wir zum Frieden erziehen wollten, zu Rücksichtnahme und Sensibilität? Heißt das wahre Erfolgsmodell: Stärke zeigen, sich nichts gefallen lassen?

»Es soll nicht durch Macht und nicht durch Gewalt geschehen, sondern durch meinen Geist, spricht Gott, der Herr.«

Dies sagte der Prophet Sacharja vor gut 2500 Jahren dem vom persischen König eingesetzten Statthalter in Jerusalem. Dieser wollte den Tempel wiederaufbauen, der seit der babylonischen Eroberung ausgebrannt und in Trümmern lag. Doch die Schwierigkeiten waren immens. Die wirtschaftliche Lage im Land war desolat. Die Wiedereingliederung der Rückwanderer aus Babylon schuf erhebliche Probleme. Breite Schichten der Bevölkerung dachten nicht an Tempelbau, sondern waren mit der Sicherung ihrer Lebensbedürfnisse vollauf beschäftigt. Dazu kamen religiöse Spannungen zwischen den verschiedenen Parteien. Der Tempelbau war umstritten: Konnte man ihn überhaupt angemessen ausstatten? Profitierte nicht in erster Linie die Schicht der Priester?

Serubabel, der Statthalter, war versucht, mit harten Mitteln durchzugreifen. Wahrscheinlich half jetzt nur noch Druck, nur noch Härte, nur noch Einschüchterung. Da läßt der Prophet Sacharja dem Statthalter ausrichten: »Nicht durch Macht, nicht durch Gewalt, sondern allein durch meinen Geist, spricht Gott, der Herr!«

Daß Gewalt letztlich keine Lösung ist, hat das Volk Israel im Alten Testament erst lernen müssen. In den Berichten über die Heldentaten Josuas, Gideons, Sauls und Davids findet sich kaum eine Kritik an der Gewalt. Doch dann wächst die Überzeugung, daß der Glaube an Gott und das Vertrauen auf militärische Macht unvereinbar sind. »Kommt und schaut die Werke Gottes«, heißt es im 46. Psalm, »der die Bogen zerbricht, die Lanzen zerschmettert und die Wagen verbrennt mit Feuer.«

Friedfertigkeit versteht sich nicht von selbst. Der Egoist steckt in uns allen. Ursprünglich sind wir wohl eher darauf gepolt, aggressiv zu reagieren, Stärke zu demonstrieren, sich das eigene Recht zu nehmen. Dieses aggressive Potential schlägt immer wieder durch.

So war dieses bald zu Ende gehende 20. Jahrhundert das bisher barbarischste in der Geschichte der Menschheit: So viele Kriege, so viele Massenmorde, so viel Terrorismus, so viele Exzesse, so viel Gewalt gab es noch nie! Und dem Lichtblick des Jahres 1989, der friedlichen Revolution der Kerzen in der DDR, der gewaltfreien Wende im Osten – folgte auch wieder die Demonstration der Macht auf dem Fuß: Die DDR als billiges Schnäppchen, das sich westdeutsche Geschäftsleute und Spekulanten unter den Nagel zu reißen versuchten.

»Es soll nicht durch Macht und nicht durch Gewalt geschehen, sondern durch meinen Geist, spricht Gott, der Herr.« Doch Gottes Geist hat es zur Zeit schwer. Noch nie regierte wohl das Geld so unangefochten die Welt. Es muß sich alles rechnen: der Sozialstaat, die Renten, die Schulden, auch die Kirche. Der Markt ist zum Maß aller Dinge geworden. Er bevorzugt die Tüchtigen und benachteiligt die Schwachen. Es zählt nur noch, was einer leistet und was einer sich leisten kann. So sorgt er für soziale Kälte.

Pfingsten gilt als »Geburtstag der Kirche«. Um die Kirche, so hört man es zur Zeit überall, steht es im Jahre 1997 nicht gut. Gut dreihunderttausend Menschen werden die Kirche, die evangelische Kirche, in diesem Jahr wieder verlassen. Die Kirche hat eine Krise, heißt es, eine Akzeptanzkrise. Ich behaupte: Nicht weil die Menschen so viele Zweifel haben – und auch nicht, weil die Kirche so eine schlechte Arbeit macht. Sondern die Krise der Kirche ist die Kehrseite der gegenwärtigen Ellenbogengesellschaft. Wo sich alles rechnen muß, wo Selbstbehauptung gefragt ist, wo das »goldene Ich« zum Fetisch wird – da ist Religion eher hinderlich, da wird die Kirche zum Störenfried. So hält nach einer Allensbach-Umfrage eine klare Mehrheit unter den Führungskräften der Wirtschaft einen größeren Einfluß der Kirchen in der Gesellschaft nicht für wünschenswert. Das ist deutlich und konsequent. Denn Religion, die biblische jedenfalls, ist nicht bequem: Sie hat immer die, die Leben zerstören, böse genannt; sie hat sich um die Opfer gekümmert, nicht ohne die Täter namentlich zur Umkehr zu rufen; sie hat zum Glauben an Gott aufgerufen, nicht ohne die Macht der Götzen in Frage zu stellen.

»Nicht durch Macht, nicht durch Gewalt, sondern allein durch meinen Geist, spricht Gott, der Herr!«

Macht und Gewalt sind nur kurzfristige Erfolgsmodelle. Wer auf sie setzt, produziert Opfer – und wird langfristig selbst zum Opfer. Gott steht nicht, wie ein preußischer König meinte, auf Seiten der stärkeren Bataillone. Wer auf ihn vertraut, kann auf Gewalt verzichten.

Amen.

Lieder: O komm, du Geist der Wahrheit (EG 136, 1.7)
Unfriede herrscht auf der Erde (EG 671)

Psalm: Psalm 85, 9–14 – oder: »Ich setze auf die Liebe« (H.D. Hüsch, in: H.D. Hüsch/U. Seidel, Ich stehe unter Gottes Schutz, Düsseldorf 1996, 132 ff)

Gebet: Wenn ich sehe, wie sich andere vordrängen;
wenn ich erlebe, wie sich die Rücksichtslosen
ihr Recht nehmen;
mein Gott, dann juckt es mir auch in den Fingern:
Man müßte mal mit der Faust auf den Tisch
schlagen!
Ich gestehe: Ich bin auch nicht frei von Gewalt.
Darum bitte ich um Deinen Geist, der die Faust
öffnet, die Zornesfalten glättet, das Herz
freundlicher stimmt und mich in Bewegung setzt
zu meinen Gegnern.
Amen.

Hans-Martin Lübking

TRINITATIS

Heilig, heilig, heilig ist der Herr Zebaoth; alle Lande sind seiner Ehre voll. (Jesaja 6, 3)

Von meinen fast erwachsenen Kindern hörte ich gelegentlich, daß sie auf einem Fest gelandet waren und mitgefeiert hatten, wo sie gar nicht wußten, wer oder was da gefeiert wurde. Ich fand das ziemlich seltsam, aber ich lerne – und sehe mit neuen Augen manche Kirchentagsbesucher, manche Gottesdienstbesucher.

Gemeinsam feiern ist ein guter Anfang, ist verträglicher als ungefragte Belehrung und Erklärung. Das gilt auch, wenn wir mitfeiern beim Fest der Heiligen Dreifaltigkeit. Oder heißt es: Fest der Heiligen Dreieinigkeit?

Der Prophet Jesaja hört bei seiner Berufung im Tempel von Jerusalem die Engel dreifach lobsingen: »Heilig, heilig, heilig ist der Gott Zebaoth; alle Lande sind seiner Ehre voll!« Du sollst dir kein Bildnis machen von deinem Gott! In der Scheu vor der Heiligkeit Gottes antwortet der jüdische Glaube mit dem Bilderverbot. Wir Christen greifen den Gedanken auf, aber wir wenden ihn ganz anders. Wir sind sicher, daß Gott nicht in ein Bild paßt, das wir uns von ihm machen. Wir glauben und erfahren den Heiligen Gott. Wir glauben und erfahren den Heiligen Christus. Wir glauben und erfahren den heiligen Geist. Dreifach erkennen wir Gottes Gegenwart und Spur in der Welt und in unserem Leben – geben zugleich zu, daß alle unsere Erfahrungen und Bilder von Gott sein Geheimnis und seine Fülle nicht fassen können.

Ich erzähle eine Geschichte:

Als das türkische Mädchen die Mutter ihrer beiden Freundinnen unversehens fragte: »Warum haben die Christen drei Götter?«, war die erst einmal ziemlich verdutzt und fragte zurück: »Wie kommst du denn darauf?« Aisha meinte: »Wir glauben an Allah. Der ist Gott, und Mohammed ist sein Prophet. Die Christen sagen, sie glauben an Gott. Aber sie glauben auch an Jesus Christus und irgendwie auch an den Heiligen Geist. Und dann sagen unsere frommen Leute: 'Seht ihr, die Christen glauben gar nicht an einen Gott – die glauben an drei Götter.' Darum will Großvater nicht, daß Achmed in den Kindergarten geht.«

»Ach ja, die frommen Leute, die so genau wissen, was die andern glauben«, seufzte die Mutter ... Aber mit diesem offenen Ende waren auch die eigenen Töchter nicht zufrieden. Sie bedrängten die Mutter: »Wie ist es denn wirklich?« »Was ist denn nun richtig?« Die Mutter rieb unentschlossen an ihrer Nase, dann aber war sie zu einem Entschluß gekommen und forderte die drei auf: »Kommt mit in den Garten!« Sie ging hinaus an den Zaun, wo vom Nachbargrundstück herüber die Zweige eines Ahorn-Baumes hingen. Sie reckte sich, zog einen Zweig herunter und gab ihn der jungen Türkin in die Hand und fragte: »Was ist das, Aisha?« Die stand ein wenig hilflos, aber dann bewies sie ihr gutes Deutsch: »Ein Ast ist das, ein kleiner Ast mit vielen großen grünen Blättern. Die haben spitze Finger. Alles ist sehr biegsam und bewegt sich im Wind.« Aisha ließ den Ast los, der in die Laubkrone zurückfederte.

Ein paar Schritte weiter fing die Mutter an, mit den Schuhen auf dem moosigen Boden zu scharren. Die Mädchen wurden aufmerksam und waren dabei, als in der Erde eine Wurzel sichtbar wurde. »Willst du den Baum ausgraben?« spottete eins der Mädchen. »Nein, ich will euch die Wurzeln zeigen. Wißt ihr denn, wozu die gut sind?« Reihum kamen die Antworten: »Damit der Baum nicht umfällt.« »Die holen Wasser aus der Erde.« »Die holen auch andere Sachen aus der Erde.« »Gut, gut«, lobte die Mutter, fragte dann: »Und wo ist der Baum?« Da zeigten alle drei auf den Stamm, der wie eine mächtige Säule in die Höhe ging.

»Seht ihr«, meinte die Mutter, »der Zweig mit den Blättern ist der Baum, die Wurzeln sind der Baum, und der Stamm ist der Baum. Wenn das schon bei einem Baum so ist, dann sollten wir erst recht bei Gott doch einander zuhören und miteinander staunen, was die eine und der andere von Gott zu Gesicht bekommen hat. Und ich danke euch, daß ihr geduldig wart, denn das Heilige ist überall – aber es ist nichts für Eilige.«

Amen.

Lieder: Brunn allen Heils, dich ehren wir (EG 140)
Heilig, heilig, heilig (EG 185)

Psalm: 145

Gebet: Gott, wir sind scheu in Deiner Nähe – und doch auch elektrisiert. Jesus Christus, Mensch und Menschenkind in des Kreuzes Bitternis und in des Lebens voller Süße. Geist Christi und Atem Gottes, Duft der befreiten Schöpfung: Wir staunen und loben Dich, GOTT.
Amen.

Gerd Lautner

1. SONNTAG NACH TRINITATIS

Christus spricht zu seinen Jüngern: Wer euch hört, der hört mich; und wer euch verachtet, der verachtet mich.
(Lukas 10,16)

Wer würde das schon von jemandem sagen, wie Jesus es von den Jüngern und zu ihnen sagt: »Wer euch hört, der hört mich«? Ich muß mir nicht erst eine komplizierte Theorie darüber klar machen, wie das abläuft, wenn jemand zu jemandem etwas sagt, damit er es versteht, um diesem Satz gegenüber skeptisch zu sein. Es genügt schon, wenn ich mich einfach daran erinnere, wie es früher war, als wir »Stille Post« spielten.

Und daran hat sich nichts geändert. Ich nehme den ganz normalen Fall, daß ich meinem Freund etwas erzähle. Er erzählt es weiter; was der Dritte hört, das ist bestimmt wichtig und gut, denn mein Freund hat keine versteckten Absichten beim Weitererzählen. Nur das, was ich zu ihm gesagt habe, ist es so höchstwahrscheinlich nicht mehr.

Sagen, Hören und Weitersagen, – dazwischen liegt nicht nur Zeit, dazwischen stehen Menschen, und Menschen sind keine Lautsprecher, sie sind eigenständig und selbständig. »Wer euch hört, der hört mich«?

Dort, wo der Vers weitergeht, scheint er einleuchtender: »Wer euch verachtet, der verachtet mich.« Solidarität ist gefragt, wir brauchen sie. Sie wird oft genug beschworen, und es gibt – auch wenn sie nicht immer eingelöst wird – für fast alle einschlägige und gute Erfahrungen dazu. Der Schulterschluß untereinander, wenn die Lücke und der Abstand nach außen zu groß werden, gehört dazu. Aber »wer euch hört, der hört mich«?

Ich würde das so leicht bestimmt von niemandem zu sagen wagen. Aber wenn ich diese Worte so nehme, wie sie nun einmal bei Lukas stehen, dann muß eines erlaubt sein: Ich muß sie auch umdrehen dürfen. »Wer uns hört, der hört ihn.« Wagen wir das aufzunehmen und nachzusprechen?

Ich denke, es war genau das, was den siebzig Jüngern half, als Jesus sie auf die erste Missionsrunde schickt, so wie ich sie sehe als Bild und Beispiel für Kirche, Gemeinde und selbst gelebten christlichen Glauben. Genau dieser zugesprochene und umgestellt nachsprechbare Satz: »Wer euch hört, der hört mich – wer uns hört, der hört ihn« muß ihnen geholfen haben. Sie hören da noch einiges mehr, bevor sie losgehen, fast ein komplettes Kurztraining für Missionsmanagement: nie allein, sondern gemeinsam, – ungebunden und ballastfrei – zielorientiert und effizienzbezogen – konsequent bis zur Bereitschaft abzubrechen, wenn nötig. Das alles mögen sehr hilfreiche Hinweise sein, aber praktikabel und umsetzbar wird das erst durch den identitätsstiftenden Satz und durch das eigene Wagnis, mich auf ihn einzulassen.

Mehr kann mir nicht mit auf den Weg gegeben werden als das Zutrauen Jesu: »Wer euch hört, der hört mich.«

Sein Wagnis ist dabei größer als meines, aber das ist nicht meine Sache. Meine Sache ist das kleinere Wagnis, das mich herauszieht aus den gängigen Schlingerbewegungen zwischen Tun-Wollen, Unterlassen, Halbgefertigtem und dem, was ich dann vielleicht doch getan habe. »Wer uns hört, der hört ihn.«

Für die ausgesandten siebzig Jünger muß das der entscheidende Satz gewesen sein. Er ist genauso entscheidend für alles, was wir tun und sagen, wenn wir nicht anfangen wollen zu schweigen und uns im Ich-Kreisel einzuschließen.

Ich will jetzt keine Geschichte dazu erzählen, kein Erlebnis, wie jemand dazu kommt, Jesus auch heute, 2000 Jahre später, zu hören. Lukas tut das selbst nach diesen Versen am Kapitelende mit der Geschichte vom barmherzigen Samariter und der von Martha und Maria –, von dem, der (gehört hat) und handelt, und der, die hört (und so handeln kann). »Wer euch hört, der hört mich.«

Amen.

Lieder: Ein feste Burg ist unser Gott (EG 362, 1–3)
Unser Leben sei ein Fest (EG 571, 1.2)
Psalm: 34, 3–6
Gebet: Herr, wir trauen uns vieles zu
und muten uns manches zu.
Das ist gut.

Laß uns,
auch wo es nicht gut geht,
nicht vergessen,
daß Du es bist, der uns noch unendlich
mehr zutraut:
Durch unser Reden und Tun
Dich sichtbar und hörbar werden zu lassen.
Amen.

Detlef Reichert

2. SONNTAG NACH TRINITATIS

Christus spricht: Kommt her zu mir, alle, die ihr mühselig und beladen seid; ich will euch erquicken. (Matthäus 11,28)

Hilfe und Not entsprechen einander. Jesus hat den Menschen das gegeben, was ihnen zum Leben gefehlt hat. Wie seine Hilfe konkret aussah, können wir erkunden, wenn wir uns auf den Weg machen. Folgen Sie mir an einen fernen Ort in eine ferne Zeit.

Setzen (legen) Sie sich dazu bequem hin. Schließen Sie die Augen. Achten Sie auf Ihren Atem. Verändern Sie ihn nicht. Machen Sie sich nur bewußt, wie er in Sie hinein strömt, wie er Sie vollständig ausfüllt ... und wie Sie ausatmen. Einatmen und ausatmen. Um Ihren Atem besser spüren zu können, legen Sie die Hände auf Ihren Bauch. Hier spüren Sie deutlich, wie der Atem einströmt und ausfährt ... ein und aus, ein und aus ...

Sie sind ruhig geworden und bereit für unsere kleine Reise. In Gedanken verlassen wir den Raum, verlassen das Haus und den Ort, Dorf oder Stadt, erheben uns in die Lüfte, überblicken Berg und Tal. Unsere Reise geht südwärts. Über die Alpen hinweg Richtung Mittelmeer. Nach Osten gewandt überqueren wir das Mittelmeer und sehen vor uns Israel. Auf dem Berg erkennen wir Jerusalem, den Tempelplatz. Es ist die Zeit, in der Jesus lebte. Ihn wollen wir sehen und die, die zu ihm gekommen sind. Wir überqueren den Tempelplatz, gelangen in eine kleine dunkle Gasse, die sich an ihrem Ende zu einem Platz öffnet. Wir hören Stimmen, die aus einem der oberen Stockwerke zu uns dringen. Die Tür des Hauses steht offen, und wir gehen hinein. Eine schmale Treppe führt hinauf zu dem kleinen Saal, aus dem das Stimmengewirr quillt. Wir treten näher und sehen Mensch an Mensch dicht gedrängt, Alte und Junge, Männer und Frauen. Wir erkennen Bartimäus, der ehemals blind durch Jesus sehend wurde. Den namenlosen Aussätzigen, der als einziger von 10 in den Tempel ging, um Gott zu loben für das, was er erlebt hat. Wir sehen den Bräutigam, noch immer im Hochzeitsgewand, auch der Gelähmte, der von seinen Freunden zu Jesus getragen wurde, ist in dieser Runde zu sehen. Und Zachäus, der Zöllner, bei dem Jesus trotz seines schlechten Rufes einkehrte. Auch ist eine von den Frauen hier, die die Speisung der 4000 miterlebt hat. Und der Kranke vom Teich Bethesda, der nach mehr als 30 Jahren von seiner Lähmung geheilt wurde. Und der Taubstumme, der wieder hören und reden kann. Auch die Frau, die sie wegen Ehebruchs steinigen wollten, ist gekommen. Sogar ein aus dem Tempel vertriebener Händler hat sich hier eingefunden. Und Kinder sind hier und die Syrophönizierin und der reiche Jüngling und noch viele andere. Der Raum ist zum Bersten gefüllt mit Menschen, denen Jesus begegnet ist und denen er durch seine Begegnung geholfen hat.

Wir haben viele und vieles gesehen. Es wird Zeit für uns, umzukehren und die Heimreise anzutreten. Die Worte Jesu begleiten uns: Kommt her zu mir alle, die ihr mühselig und beladen seid, ich will euch erquicken.

Zurück in unserer Zeit an unserem Ort, öffnen wir ganz langsam die Augen, recken und strecken uns, atmen tief ein und aus ...

Jesus hat vielen Menschen geholfen. Seine Hilfe schien vordergründig die eines Zauberers zu sein. Und doch – bei näherem Hinsehen – half er den Menschen, indem er sich ihnen zuwandte, sie achtete und ernstnahm. Er sah sie an, hörte ihnen zu, redete mit ihnen und scheute sich nicht, sie zu berühren. Er hatte vor allem Zeit für sie, ließ sich auf sie ein und gewährte ihnen Kritik.

Und die Geheilten? Sie faßten Vertrauen. Öffneten sich ihm. Breiteten ihre Lasten und Mühen vor ihm aus. Zuweilen kämpften sie um seine Zuneigung. Widersprachen seiner raschen Ablehnung. Ließen nicht locker. Hier, so spürten sie instinktiv, würden sie nicht mit leeren Händen zurückbleiben. Keine Not, keine Last war seiner unwürdig. Er hörte zu, fragte nach, gab Zeit zum Nachdenken, wurde handgreiflich und suchte den Schwachen gegenüber dem Stärkeren zu schützen.

Christus spricht: Kommt her zu mir, alle, die ihr mühselig und beladen seid; ich will euch erquicken.

Warum sollte es uns nicht möglich sein, den anderen mit seiner Last / Belastung wahrzunehmen, ihm Zeit und Gehör zu schenken? Was hindert uns, einander zu achten und Schwächeres gegen Stärkeres zu schützen? Und warum soll es nicht möglich sein, dem andern unsere Not und Belastung mitzuteilen, auf daß er mit tragen kann? Warum eigentlich nicht?

Amen.

Lieder: Bewahre uns Gott (EG 171)
Wo ein Mensch Vertrauen gibt (EG 630)
Psalm: 36, 6–10
Gebet: Gott, Du Quelle des Lebens,
zu Dir kann ich kommen,
jederzeit, in jeder Not.
Ich will mich aufmachen,
Dich zu suchen.
Öffne meine Augen, öffne mein Herz,
damit ich Dich erkenne,
wie und wo immer Du mir begegnest.
Amen.

Günter Törner

3. SONNTAG NACH TRINITATIS

Der Menschensohn ist gekommen, zu suchen und selig zu machen, was verloren ist. (Lukas 19,10)

Elke ist eine attraktive Frau. Eine, die voll im Leben steht. Sie ist finanziell abgesichert, hat menschliche Kontakte und scheint ein ausgefülltes Leben zu haben. Neben dem Halbtagsjob und der Familie engagiert sie sich im Sportverein und in der Kirchengemeinde, hat an der Volkshochschule einen Kreativkurs belegt und geht mit Freundinnen ins Kino. Sie ist überall gut angesehen, bekommt viel Bestätigung. Elke gilt einfach als eine, der es an nichts fehlt.

Aber Elke fehlt etwas.

Morgens, wenn sie in den Spiegel schaut, guckt sie in ein teilnahmsloses Gesicht. Sie betrachtet es lange und genau: die Falten an den Mundwinkeln, die Reste der Wimperntusche unter den Augen. »Warum bist du so unzufrieden?« fragt sie in den Spiegel. Und trotzig antwortet sie sich selbst: »Weil ich kein richtiges Glücksgefühl mehr habe. Ich fühle mich leer. Mein Herzklopfen will ich wieder spüren!«

Ständig in Aktion zu sein, gilt als Ideal. Nur wer immer ein volles Programm hat, wird als wichtig und unentbehrlich angesehen: Zeig mir deinen Terminkalender, und ich sag dir, wer du bist. Dieser Spielregel kann man sich offensichtlich nur schwer entziehen. Auch Elke plant, organisiert, gestaltet – und scheint sich dabei selbst zu verlieren.

Daß ein Lebensstil zerstörerisch ist, wenn er ohne Rücksicht auf Verluste das angeblich Notwendige zum Prinzip macht, das wußte schon der Prophet Jesaja:

Wer immer hastet und rennt, der geht dabei eines Tages zugrunde. Ihr lauft falschen Idealen hinterher! Ändert doch eure Einstellung! Sonst seid ihr wie eine Schale, die in 1000 Scherben zerbrochen ist: Die kann nichts mehr in sich aufnehmen. Kein Wasser und kein Feuer. Nehmt euch Ruhe, dann könnt ihr euer Leben bewahren. Ihr werdet merken, daß Gott hinter euch steht, und ihr könnt seine Stimme hören, die euch leise ins Ohr flüstert: Dies ist dein Weg! Gehe ihn. (nach Jesaja 30 – A. S.)

Gott sorgt sich um die Menschen, die sich verloren haben.

Deshalb hat auch Jesus Menschen geholfen, zu sich selbst zu finden. Er hat ihnen durch seine Worte und Taten Anstöße gegeben, ehrlich zu sich zu sein und so zu leben, daß sie dabei menschlich nicht verkümmern – im Einklang mit Gott und der Welt.

»Wie will ich leben? Worauf will ich nicht verzichten? Was möchte ich loslassen?« – Man muß zur Ruhe kommen, um Antworten auf diese Fragen zu finden.

Auch Elke bräuchte solche Zeit für sich: zum Nachdenken und Auftanken. So könnte sie wieder zu sich selbst kommen und ihr Herzklopfen wieder lauter spüren.

Amen.

Lieder: Meine engen Grenzen (EG 600)
Such, wer da will, ein ander Ziel (EG 346, 1–3)

Psalm: »Wo soll ich fliehen hin, wenn ich mir selbst nichts bin? Fühl ich mich überflüssig, des Lebens überdrüssig, dann möcht ich mich verkriechen, nichts hören sehen riechen. Meist geht mein Tageslauf in Arbeit völlig auf. Ich laß mich schieben, lenken, nur um nicht nachzudenken. Mein ganzes Interesse ist, daß ich mich vergesse ... Leer sind die Batterien, ich hab es satt, zu fliehn. Komm zu mir, Gott des Lebens, daß ich nicht leb vergebens. Mach mich und andre Leichen zu einem Lebenszeichen.«
(G. Schöne)

Gebet: Gott, es gibt Zeiten, da verliere ich das Gespür für mich selbst. Dann brauche ich Dich, um mich wiederzufinden. Ich danke Dir für Deinen Heiligen Geist: Er hallt in meiner inneren Leere, schreit nach Erfüllung und rüttelt mich so wach. Ich danke Dir für die Menschenfreundlichkeit Jesu: Er kennt meinen Alltag und mein Lebensgefühl. Mit kleinen Worten und Zeichen, die Wunder wirken, reißt er mich heraus aus dem Gefühl der Verlorenheit und bringt mich in Einklang mit mir selbst und mit Dir, Gott.
Amen.

Andrea Seils

4. SONNTAG NACH TRINITATIS

Einer trage des andern Last, so werdet ihr das Gesetz Christi erfüllen (Galater 6,2)

Ein einzelnes Wort hat eine ganze Wertvorstellung ins Wanken gebracht; dieses Wort heißt »Helfersyndrom«. Menschen, die anderen freiwillig oder berufsmäßig helfen, so heißt es in der Lehre vom Helfersyndrom, sind im Grunde genommen selber sehr schwache Menschen; sie brauchen ihrerseits ein schwaches und hilfloses Gegenüber, um eigene Ich-Stärke zu gewinnen. Alle hilfsbereiten Menschen stehen seither unter dem Verdacht, ich-schwache und wenig selbstbewußte Menschen zu sein.

Natürlich kannte Paulus noch nicht das moderne Reden vom Helfersyndrom, trotzdem trifft seine Aufforderung ganz genau den Kern. In der Tat sind wir hilfsbereiten Christenmenschen selber schwach, sagt Paulus. Aber, so fügt er sogleich hinzu, wir helfen nicht aus mangelndem Selbstbewußtsein, sondern aus tätigem Christusbewußtsein. Gleich eine doppelte Zumutung spricht Paulus damit aus.

Zum ersten: Wir Christenmenschen sind selber schwache Menschen. Wir wissen, daß wir mit andern im selben Boot sitzen, wir können darum gar nicht anders, als solidarisch zu sein. Wir machen uns nichts vor, denn auch wir sind oft genug anderen lästig und geben ihnen eine Last auf. Der heroische Mensch, der immer und alles selber trägt, das ist kein Vorbild. Vorbild vielmehr ist jener Mensch, der um die eigenen Schwächen und Lasten weiß. Gerade weil wir um die eigene Hilfsbedürftigkeit wissen, erkennen wir die Hilfsbedürftigkeit anderer ohne jedes Überlegenheitsgefühl.

In seinem Roman »Fabian« erzählt Erich Kästner von einem Mann, dem es ziemlich schlecht geht, weil er seine Arbeitsstelle verloren hat. Als seine alte Mutter ihn besucht, versucht er das alles zu verbergen, weil sie selber sehr arm ist. Beim Abschied schiebt er ihr unbemerkt zwanzig Mark in die Tasche, obwohl er kaum noch Geld hat. Als er vom Bahnhof in sein bescheidenes Zimmer zurückkehrt, sieht er unter der Blumenvase ebenfalls einen Zwanzigmarkschein, den seine

Mutter für ihn dagelassen hat. – Rein rechnerisch gesehen ist alles beim Alten geblieben. Und dennoch hat sich für beide Entscheidendes getan. Mutter und Sohn stärken sich in ihrer Schwäche gegenseitig. Indem sie sich gegenseitig in aller Schwäche beim Lastentragen helfen, stärken sie sich.

Zum zweiten: Wir Christenmenschen helfen aus tätigem Christusbewußtsein. Christenmenschen nämlich geht es nicht aus dem Kopf, wie Jesus Christus Menschen begegnet. Christenmenschen sind und bleiben angerührt davon, wie Jesus sich von Not und Schwächen und Lasten berühren läßt, wie er zuhört, zuspricht und zupackt. Die Frage, ob Not und Krankheit und Sünde selbstverschuldet sind oder nicht, spielt für ihn keine Rolle. Wohl aber spielt die Antwort Jesu eine Rolle, daß und wie nämlich er sich auf die Seite der Opfer, der Zukurzgekommenen, der kleinen Leute, der Schuldiggewordenen und der Sünder stellt. Weil wir Christenmenschen uns von der Liebe Christi getragen wissen, darum sind wir unsererseits bereit, die Lasten anderer mitzutragen.

Manchmal zeigt sich diese Solidarität in anscheinend ganz kleinen Dingen. Ein Freund berichtet von einer Frau, die mit Hilfe zweier Gehstützen durch eine Fußgängerzone spaziert. Plötzlich merkt sie, daß einer ihrer Schnürsenkel sich gelöst hat. Wegen ihrer Behinderung kann sich die Frau nicht im Stehen bücken, und eine Bank ist nicht in der Nähe. Da sie fürchtet, über ihr offenes Schnürband zu stolpern, bittet sie eine andere Frau, ihr den Schuh zuzubinden. Die aber lehnt das ab und geht weiter mit den Worten: »Man könnte ja denken, wir gehören zusammen.«

Von Christenmenschen ist anderes zu erwarten. Christenmenschen achten darauf, daß andere nicht stolpern und fallen. Christenmenschen binden Schnürsenkel zu und zeigen damit: Wir gehören zusammen.

Amen.

Lieder: Brich dem Hungrigen dein Brot (EG 418)
Selig seid ihr (EG 666)

Psalm: 40, 2–5

Gebet: Gott, wie gut, daß wir Dir nicht lästig sind. Wie gut, daß Du uns in unserer Schwachheit und in unserem

Versagen, mit unserer Fehlerhaftigkeit und unserer Schuld, in unseren Schwierigkeiten und Nöten siehst, stärkst und weiterhilfst. Wie gut, daß Du unsere Last mitträgst. Mach uns nun bereit, daß wir unsererseits die Lasten anderer mittragen. Gib uns Phantasie in unserer Solidarität.
Amen.

Werner M. Ruschke

5. SONNTAG NACH TRINITATIS

Aus Gnade seid ihr selig geworden durch Glauben; und das nicht aus euch: Gottes Gabe ist es. (Epheser 2,8)

Eine ländliche Kirchengemeinde führt eine offene Abendveranstaltung durch. Thema: »Ein Platz für Männer?! Männer und Kirche.« Es kommen 14 Männer und 2 Frauen. Durchschnittsalter der Männer 45 Jahre. Im Verlauf des Abends schreiben die Teilnehmerinnen und Teilnehmer in zwei Übungen auf, was ihnen zu den Stichworten »Mann« und »Kirche« einfällt.

Mann: Fußball – Bier – Macht – Manager – Alleinunterhalter – lebt kürzer – herzinfarktgefährdet – ein Indianer kennt keinen Schmerz – sachlich – kräftig – stark.

Kirche: Ort der Ruhe – Geborgenheit – Stärkung – Gebote – Gebet – Gewissen – Glauben.

Die anschließende Auswertung macht deutlich: Das Bild vom Mann ist immer noch stark geprägt durch Stichworte wie kräftig, stark, Manager, keinen Schmerz kennen. Und genau diese Merkmale sind es doch, die heute mehr denn je von Männern und Frauen in der Leistungs- und Wettbewerbsgesellschaft gefordert werden. Ort der Ruhe, Geborgenheit, Stärkung – das ist, wenn überhaupt, etwas für Sonntag oder den Privatbereich. Aber mit der Realität des Alltags hat das nichts zu tun. Vor diesem Hintergrund treibt der Ephesertext die Sache gewissermaßen auf die Spitze: Euer Leben kommt nicht aus Euch selbst, aus Eurer Kraft und Stärke. Es kommt aus der Gnade durch den Glauben. Es ist Gottes Gabe. Was sollen Menschen – und insbesondere Männer – mit einer solchen Botschaft anfangen? Leistung – so lautet doch die gesellschaftliche Botschaft – bestimmt darüber, was ich mir leisten kann und was ich wert bin. Der Männerforscher Sam Keen sagt in diesem Zusammenhang: Der Antrag auf eine Kreditkarte ist ein Initiationsritus für Fortgeschrittene.

Ist dann der Wochenspruch ein Plädoyer für Zurückgebliebene, für Schwächlinge oder gar für Faule?

Im Gegenteil: Er beschreibt sozusagen eine Gegenposition. Er beschreibt menschliches Leben in einer anderen Perspektive. Und diese Perspektive macht zugleich kritisch: Sie fragt nämlich kritisch danach, ob die Normen dieser Welt eigentlich eine tragfähige Grundlage für menschliches Leben bieten. Sie fragt nach der Bedeutung und nach der Grenze der menschlichen Leistung. Und sie behauptet: Im Sinne Gottes ist der Mensch akzeptiert vor aller Leistung. Er muß sich diese Akzeptanz nicht verdienen. Sie ist ihm geschenkt.

Der Wochenspruch warnt davor, das Leistungsprinzip absolut zu setzen. Es ist im wahrsten Sinne des Wortes unmenschlich. Das macht Menschen kaputt – sei es, daß sie gesundheitlich auf der Strecke bleiben, sei es, daß sie erst gar keine Chance bekommen, ihre Talente zu entfalten. Der Ephesertext ist alles andere als eine realitätsferne Empfehlung für den Sonntag oder den Privatbereich. Er wird zur kritischen Anfrage an eine bestimmte Form der Leistungs- und Verdrängungsgesellschaft und an die Art und Weise, wie Erwerbsarbeit organisiert ist.

So verstehe ich dieses Bibelwort als Befreiungsansage: Ich brauche nicht die Rolle des unabhängigen und erfolgreichen Machers zu spielen, der Ohnmachtserfahrungen wie Scheitern, Krankheit und Angst verdrängt. Mir ist die Angst vor meiner Ohnmacht genommen. Ich darf sein, was ich im Sinne Gottes bin: der verantwortliche Partner / die verantwortliche Partnerin Gottes im Bebauen und Bewahren seiner Schöpfung. Dabei lebe ich nicht aus mir selbst, sondern vom Anfang der Vergebung und der Chance zum Neuanfang.

Amen.

Lieder: Alles ist an Gottes Segen (EG 352)
Es ist in keinem andern Heil (EG 356)

Psalm: 73, 23–26.28

Gebet: Gott, das Wort Gnade hat heute keinen guten Klang – so wie Schwäche, Scheitern und Angst keinen guten Klang haben. Hilf uns, Dein Befreiungsangebot neu zu hören, damit wir menschlicher miteinander umgehen.
Amen.

Heinz-Georg Ackermeier

6. SONNTAG NACH TRINITATIS

So spricht der Herr, der dich geschaffen hat: Fürchte dich nicht, denn ich habe dich erlöst; ich habe dich bei deinem Namen gerufen; du bist mein! (Jesaja 43, 1)

Nach 17 Jahren Ehe erkannte eine Frau, daß in der Beziehung zwischen ihr und ihrem Mann die Liebe erloschen war. Lange hatte die Frau diese Veränderung nicht wahrhaben wollen, obwohl sie längst nicht mehr miteinander schliefen. Da entdeckte sie eines Tages, daß ihr Mann sie nicht mehr mit ihrem Namen anredete. Und wenn sie nach Hause kam, fand sie oft einen Zettel mit einer Nachricht, die ihr mitteilte, wohin er gegangen war und wann er zurückkommen würde. Er informierte sie genau, aber immer ohne Anrede. Am Ausbleiben der Stimme, die ihren Namen rief, erkannte sie, was ihr fehlte. Beim Lesen der Nachrichtenzettel ihres Mannes starrte sie auf die Leerzeile, in der »Liebe Annette!« hätte stehen sollen. »Die Atmosphäre zwischen uns ist eisig geworden«, sagte sie.

»Ich habe dich bei deinem Namen gerufen; du bist mein!« Diese Worte klingen wie das Gegenstück zu den Erfahrungen dieser Frau. Hier tritt Gott als Liebhaber auf. Aus seinen Worten spricht innige Zuneigung. Sie machen das Herz warm. Deswegen hören wir diesen Spruch immer wieder gern. Viele wünschen ihn sich zur Taufe oder zur Konfirmation.

Einer, der für die Menschen entflammt ist, überspringt hier von sich aus jeden Abstand und jede Fremdheit. Über alle Zweifel hinweg, ob Gott ein Interesse an uns hat, ja ob es ihn überhaupt gibt, ruft er uns. »Mensch, ich habe dich doch geschaffen. Ich habe doch gewollt, daß du auf der Welt bist. Hör doch, wie ich dich liebe!«

»So spricht der Herr, der dich geschaffen hat.« Ich erinnere mich an einen Film, in dem eine Frau zu ihrem Mann scheinbar ganz ähnliche Worte sagt: »Nur durch mich bist du, was du bist!« Mit ihrer Liebe hatte sie ihn von seiner Heroinsucht befreit. Ihr Geld und ihre guten Beziehungen hatten ihm einen sozialen Aufstieg ermöglicht. Bei diesem

Satz »Nur durch mich bist du, was du bist« spürte ich als Betrachter allerdings Gefahr heraufziehen. Ich merkte, für diesen Mann ist die Liebe der Frau zum Gefängnis geworden. Er kann nur noch tun, was ihr paßt. Mit den Worten »Du gehörst mir« ergriff sie von dem Geliebten Besitz. Die Katastrophe folgte unausweichlich. Verglichen mit dieser Filmepisode haben Gottes Liebesworte einen anderen Ton. Sie engen nicht ein. Sie beschwören keine falsche Abhängigkeit. Ich werde hier auf den Grund gestellt, von dem ich lebe – oft ohne es zu wissen. Gut, daß Gott mir das sagt: Klaus, Annette, oder wie du heißt, du bist von mir geschaffen. So wie du bist, habe ich dich gewollt, mit deinen Eigenarten und Schwächen und mit deinen Begabungen. Du bist eine Bereicherung für die Welt und für die Menschen.

Mit diesen vertrauensvollen Worten im Ohr brauche ich mich von niemandem beherrschen zu lassen. Weder von denen, die mir übel wollen, noch von denen, die mich lieben. Aber auch nicht von den eigenen inneren Stimmen, die mich verurteilen und mich daran hindern, so zu sein, wie ich von Gott gemeint bin. Das wünsche ich mir allerdings, daß ich Gottes Stimme, die es gut mit mir meint, unter den vielen Stimmen um mich herum und in mir selbst heraushöre. Dann brauche ich mich nicht zu fürchten.

Amen.

Lieder: Liebe, die du mich zum Bilde (EG 401, 1–4)
Fürchte dich nicht, gefangen in deiner Angst (EG 656, 1–3)

Psalm: 139, 1–16

Gebet: Gott, mein Schöpfer!
Du hast mich geschaffen mit all meinen Eigenschaften. Oft werde ich unsicher. Ich vergesse, wer ich bin und wo meine Begabungen und Fähigkeiten stecken. Du willst mich befreien von allem, was mich gefangen hält. Du erinnerst mich daran, daß ich ein einzigartiges Leben habe. Du rufst mich bei meinem Namen. Darauf will ich hören.
Amen.

Heinrich Halverscheid

7. SONNTAG NACH TRINITATIS

So seid ihr nun nicht mehr Gäste und Fremdlinge, sondern Mitbürger der Heiligen und Gottes Hausgenossen. (Epheser 2, 19)

Kleinkirchheim, den ... 1998

Sehr geehrte Frau Pastorin ...!

Ich schreibe Ihnen diesen Brief, weil ich auf Ihre Predigt am vergangenen Sonntag reagieren und Ihnen meine Gedanken und Gefühle dazu mitteilen möchte. Ich habe mir einige Tage Zeit gelassen, um nicht zu spontan zu reagieren und vorschnell zu urteilen. Nach reiflicher Überlegung habe ich mich entschlossen, Ihnen zu schreiben, weil Ihre Gedanken und Aussagen in der Predigt nach meiner Überzeugung zu weit gegangen sind. Ich halte es für meine Christenpflicht, zu widersprechen und zu sagen, daß Sie die Grenzen des Glaubens überschritten haben. Damit haben Sie die Grundlagen von Schrift und Bekenntnis verlassen, und deshalb darf ich als Christ nicht schweigen.

Sie haben in Ihrer Predigt zu der Textstelle aus dem Epheserbrief gesagt, diese sei ein aktueller und sehr zeitgemäßer Gedanke, von dem wir heutigen Christen lernen könnten. Unsere Situation sei, ganz ähnlich der der Gemeinde in Ephesus, geprägt von der Vielfalt religiöser Ansichten und Glaubensweisen. So wie damals die Gemeinde aus Juden- und Heidenchristen zu einer Einheit geworden sei, so sollten auch heute ganz verschiedene religiöse Anschauungen in der Kirche zusammenkommen und zu einer Einheit zusammenwachsen. Alle Menschen, ganz gleich was und wie sie glauben, sollten in der Kirche willkommen sein und heimisch werden können. Jeder sollte mit seinem persönlichen Glauben sozusagen nach seiner Façon selig werden können, denn durch Jesus Christus sei ja »das Gesetz mit seinen Geboten und Satzungen« abgetan (Eph 2, 15), und die Unterschiede der verschiedenen Glaubensweisen seien aufgehoben. Sie fänden das gut und richtig, ja sogar notwendig, wenn Kirche heute zeitgemäß und modern sein wolle. Schließlich würden heute ja längst nicht mehr alle Menschen dasselbe glauben, sonderen es gäbe eigentlich so viel Glauben, wie es Menschen gibt. Alle Menschen sollten »Gottes Hausgenossen« und »Mitbürger der Heiligen« sein, ohne Rücksicht darauf, ob ihr Glaube im Einklang mit Bibel und Bekenntnisschriften stehe. In Gottes Haus und an Gottes Tisch dürfe es eigentlich keine »Gäste« oder »Fremdlinge« mehr geben.

Vielleicht haben Sie das so nicht wörtlich gesagt, aber ich habe Sie so verstanden. Und ich glaube, daß Sie es auch so gemeint haben.

Um des rechten Glaubens willen kann ich Ihnen nicht mehr folgen. Ich muß Ihnen klar und deutlich widersprechen und sagen, daß diese Anpassung an den religiösen Zeitgeist unbiblisch und unchristlich ist. Mit solchen Gedanken rütteln Sie an den überlieferten Grundlagen des christlichen Glaubens. Nicht alles, was die Leute glauben, ist richtig und christlich. Unser Glaube darf sich nicht in religiöse Beliebigkeit und Gleichgültigkeit auflösen. Um Gottes und um Christi willen muß klar gesagt werden, was gilt, nämlich daß bestimmte Irrlehren nicht schrift- und bekenntnisgemäß sind und in der Kirche unseres Herrn für sie kein Platz ist! Wer sich nicht ganz und gar uneingeschränkt zu Christus bekennen kann, mit dem kann es keine Einheit und Gemeinschaft geben!

Ich kann nicht anders, als Ihnen dies in aller Entschiedenheit zu schreiben. Wenn für Fremde und Gäste im Hause Gottes derselbe Platz sein kann wie für wirkliche Christusgläubige, dann ist das nicht mehr meine Kirche. Dann habe ich in dieser Kirche keinen Platz mehr.

Ich bitte Sie dringend, mich nicht zu einem Fremden in meiner Kirche zu machen. Die Einheit darf nicht auf Kosten der Wahrheit gewollt werden. Es muß verbindlich gelten, was geglaubt werden darf.

Mit freundlichen Grüßen,

Ihr ...

Großkirchheim, den … 1998

Sehr geehrte Frau Pastorin …,

ich möchte Ihnen sehr für Ihre Predigt am vergangenen Sonntag danken und sagen, wie gut mir Ihre mutigen Worte getan haben. Ich habe seit langer Zeit erstmals wieder einen Gottesdienst besucht, weil ich einfach das Bedürfnis hatte, und ich habe mich seit langer Zeit zum ersten Mal nicht als Außenseiterin, nicht fremd, nicht als Gast gefühlt, sondern als ein Mensch, der in die große Gemeinschaft derer gehört, die an Gott glauben. Besonders Ihre Auslegung der Stelle aus dem Epheserbrief hat mir gut gefallen. Ich habe mich gefreut, daß Sie gesagt haben, daß im Haus und am Tisch Gottes Platz für alle Menschen sein müsse, so unterschiedlich sie auch seien und glaubten. Bei den Ephesern seien ja auch Menschen mit ganz verschiedenen Glaubenshintergründen zu einer Gemeinschaft, einer Gemeinde zusammengewachsen. Sie sprachen von der Unterschiedlichkeit ehemaliger Juden und ehemaliger Heiden und von der Überwindung trennender und ausgrenzender Glaubensbedingungen und davon, daß jede und jeder mit seiner Glaubensweise dazu beitragen kann, daß »der ganze Bau ineinandergefügt wächst« (Vers 21).

Es war für mich wohltuend zu hören, daß Sie die Vielfalt und Unterschiedlichkeit der Menschen und ihres Glaubens als Reichtum geschätzt haben und als Chance, eine bunte und lebendige Kirche zu gestalten.

Denn ich stehe seit langer Zeit in einer kritischen Distanz zur Kirche. Ich habe bestimmte Glaubensaussagen nicht verstehen und nicht glauben können. Mit meinem Glauben, meinen Fragen, meinem Zweifel fühlte ich mich nicht ernstgenommen. Ich hatte immer den Eindruck, daß es gewisse »Aufnahmebedingungen« für Kirche und Gemeinde gibt, die man erst erfüllen muß, um dazuzugehören, und daß das eine bestimmte Rechtgläubigkeit ist. Ich habe mich in den vergangenen Jahren mit anderen Religionen beschäftigt und dabei vieles gelernt, von vielem profitiert und manches übernommen. So habe ich mir gewissermaßen meinen eigenen Glauben an Gott zurechtgebastelt. Manchmal habe ich den Eindruck, daß ich auf diesem Weg zu einem neuen, tieferen

Verständnis von Jesus Christus gekommen bin. Ich würde mich gern im Gespräch mit anderen Menschen darüber austauschen und auseinandersetzen. Mit Ihrer Predigt haben Sie mir Mut gemacht, es noch einmal mit der Kirche zu versuchen. Ich möchte gerne wiederkommen, und ich hoffe, daß ich meinen Platz in Ihrer Gemeinde finden kann, gewissermaßen als »Mitbürgerin« und »Hausgenossin«. Ich freue mich, wenn ich willkommen wäre.

Mit herzlichem Dank und freundlichen Grüßen,

Ihre ...

Lieder: Damit aus Fremden Freunde werden (EG 674)
Herr, du hast darum gebetet (EG 267)
Psalm: 107, 1–9
Gebet: Gott,
Wir bitten Dich für unsere Gemeinde und Deine Kirche:
Führe und füge uns zusammen,
leite uns an und ermutige uns,
den Reichtum unserer Vielfalt zu entdecken,
voneinander zu lernen
und unsere unterschiedlichen Traditionen und Glaubensweisen
als Ausdruck der Lebendigkeit Deines Wortes
zu schätzen.
Amen.

Ulrich Kämmerer

8. SONNTAG NACH TRINITATIS

Lebt als Kinder des Lichts; die Frucht des Lichts ist lauter Güte und Gerechtigkeit und Wahrheit.
(Epheser 5, 8.9)

Die Arbeitslosigkeit ist das schwierigste soziale Problem in unserem Land. Seit mehr als 10 Jahren steigen die Arbeitslosenzahlen in immer neue Höhen. Die verschiedenen Rezepte, dieser Entwicklung entgegenzusteuern, greifen nicht. Vorruhestandsregelungen, Arbeitsbeschaffungsmaßnahmen und Arbeitsteilungsmodelle mildern zwar die schlimmsten Härten. Sie verhindern aber nicht das weitere Ansteigen der Arbeitslosenzahlen. Besonders bedrückend ist die Situation der jüngeren Generation. Ausbildungsplätze sind nicht in genügender Zahl vorhanden. Die Glücklichen, die eine Ausbildung anfangen und beenden können, stehen anschließend vor der Schwierigkeit, nur schwer einen Arbeitsplatz finden zu können.

Inzwischen hat die Arbeitslosigkeit auch die Kirchen erreicht. Die Kirchensteuereinnahmen gehen zurück. Finanzzuweisungen an die Haushaltspläne müssen gekürzt werden. Eingriffe erfolgen in das Tarifsystem. Personalentlassungen sind nicht auszuschließen. Auch in der Kirche tut sich ein Graben auf zwischen den Älteren, die eine sichere Anstellung haben, und den Jüngeren, die um ihre berufliche Zukunft insgesamt fürchten müssen.

Von selbst ergibt sich die Frage, ob es innerhalb der Kirche möglich ist, zu einem gerechten Ausgleich zwischen den Inhabern gut bezahlter Positionen und der jüngeren Generation, die an der Schwelle zur Berufstätigkeit steht, zu finden. Bisher ist es leider so, daß auch in der Kirche eher die Jüngeren die Bürde der Finanzengpässe zu tragen haben.

Der Wochenspruch aus dem Epheserbrief geht davon aus, daß sich aus der Verbundenheit mit Christus ein anderes Lebensmodell ergibt. »Lebt als Kinder des Lichts.« Mit anderen Worten: Macht damit Ernst, daß durch Christus euer Leben einen neuen Grund gewonnen hat, auf dem ihr auch angesichts der Arbeitsplatzprobleme sicher stehen könnt. Es gibt keinen Anlaß, grundsätzlich skeptisch und verdrossen in die Zukunft zu blicken. Es gibt auch keinen Grund, immer nur an das eigene Wohlergehen denken zu müssen. Eure ganze Existenz ist durch Christus gehalten und garantiert. Ihr seid »Kinder des Lichts« und nicht der Finsternis.

»Güte«, »Gerechtigkeit« und »Wahrheit« sind Früchte, an denen die Kinder des Lichts zu erkennen sind. Im Blick auf das Problem Arbeitslosigkeit hat besonders das Stichwort »Gerechtigkeit« Bedeutung.

Es hat auch 1997 auf dem Kirchentag in Leipzig eine besondere Rolle gespielt. In der Nikolaikirche wurde ein Zettel gefunden, auf dem stand:

»Ich bin 22 Jahre und sehe in meiner Generation hohe Ansprüche: Viele arbeiten neben ihrem Studium, um sich eine exklusive Stereoanlage zu kaufen, um ihr eigenes Auto zu finanzieren. Auf der anderen Seite sehe ich viele, die von der Arbeit und vom Konsum ausgeschlossen sind. Der Weg zur Gerechtigkeit führt über ein Zurückschrauben der Ansprüche der gesamten Gesellschaft. Dann wäre mehr Raum für eine gerechtere Verteilung der Ressourcenbildung und Arbeit vorhanden.«

Bei diesen Notizen fällt auf, daß die Verfasserin oder der Verfasser angesichts der beschriebenen Ungerechtigkeiten keine allgemeinen Anklagen und Verurteilungen ausspricht. Es wird auch kein Lösungsentwurf auf Kosten einer anderen Gruppe vorgeschlagen. Stattdessen wird auf einen für alle gangbaren Weg zur Gerechtigkeit verwiesen. Die Ansprüche der gesamten Gesellschaft müssen »zurückgeschraubt« werden. Alle sollen ihr Anspruchsverhalten überprüfen.

Innerhalb der Kirche müssen sich alle Berufsgruppen, besonders die, die derzeitig durch gut bezahlte, sichere Arbeitsplätze privilegiert sind, fragen, ob die eigenen Ansprüche nicht zu hoch sind. Darüber hinaus hat man die Ansprüche anderer Berufsgruppen wahrzunehmen und ihrer Berechtigung nachzugehen. Es müßte also zu einem Austausch über die eigenen und die fremden Ansprüche kommen mit dem Ziel, einvernehmliche Lösungen zu schaffen.

Der Anstoß zu einem solchen Austausch kommt nicht von außen, sondern aus dem Zentrum unseres Glaubens. Durch

Christus sind wir in den Stand gesetzt, offen und furchtlos in die Zukunft zu blicken und dabei die Menschen neben uns bewußt wahrzunehmen.

»Lebt als Kinder des Lichts: Die Frucht des Lichts ist lauter Güte und Gerechtigkeit und Wahrheit.«

Amen.

Lieder: Selig seid ihr (EG 666)
Laß uns den Weg der Gerechtigkeit (EG 675)
Psalm: 24, 1–6 oder: Prediger Salomo 3.1–8.10–11a
Gebet: Gott, vor Dir gedenken wir aller Menschen,
die keine Arbeit haben,
die sich nutzlos fühlen
und die verzweifelt sind.
Schenke ihnen Menschen,
die nicht von ihrer Seite weichen.
Amen.

Christoph Berthold

9. SONNTAG NACH TRINITATIS

Wem viel gegeben ist, bei dem wird man viel suchen; und wem viel anvertraut ist, von dem wird man umso mehr fordern. (Lukas 12, 48)

Wieder einmal hatte die Versicherung geschrieben: »Wollen Sie Ihre Hausratsversicherung nicht erhöhen?« Meistens lege ich diese Schreiben gleich an die Seite, aber diesmal wurde ich nachdenklich und fing an zu vergleichen: Vor zwanzig Jahren eine Zwei-Zimmer-Wohnung mit Balkon, jetzt ein Haus mit Garten; damals Möbel von IKEA, heute teure Stücke aus dem Möbelhaus; früher Radio, Plattenspieler und der tragbare Schwarzweiß-Fernseher, jetzt Farbfernseher, Video und für jedes Kind eine Stereo-Anlage; damals das eine Bücherregal, heute so viele Bücher, daß mir vor einem Umzug graut. Paßte unsere Habe vor zwanzig Jahren noch mühelos in einen Bulli, so brauchen wir heute zwei große Möbelwagen.

Ich weiß, andere haben noch mehr, aber auch bei mir ist viel dazugekommen. So einfach wie damals lebe ich nicht mehr. Wohlhabender, auch glücklicher?

»Wem viel gegeben ist, bei dem wird man viel suchen.«

Vor zwanzig Jahren zahlte ich auch noch nicht soviel Steuern. Da lohnte sich der Lohnsteuerjahresausgleich kaum. Heute wird mir ein gutes Drittel meines Gehaltes gleich abgezogen. Wie andere stöhne ich manchmal darüber, aber wirklich ungerecht finde ich es eigentlich nicht.

»Eigentum verpflichtet. Sein Gebrauch soll zugleich dem Wohle der Allgemeinheit dienen« – so heißt es in Artikel 14 unseres Grundgesetzes. Ich finde es gut, daß dieser Satz im Grundgesetz steht und beziehe ihn auch auf mich. Ich verdiene gut, anderen geht es schlechter als mir, da bin ich auch bereit, abzugeben, Steuern zu zahlen. Immer mehr habe ich den Eindruck: Damit gehöre ich zu den »Dummen«. Wer zahlt denn noch all seine Steuern? »Steuern sparen wie ein Profi« oder »So greifen Sie dem Staat in die Tasche« – eine Flut von Geld-Ratgebern überschwemmt den Büchermarkt. Wer »schlau« ist, macht Verluste, nutzt alle Abschreibungsmöglichkeiten oder bringt sein Geld gleich nach Luxemburg.

»Wem viel gegeben ist, bei dem wird man viel suchen«, heißt es im Wochenspruch. Aber vermutlich wird man nichts mehr finden, weil es ins Ausland gebracht wurde oder damit an der Börse spekuliert wird.

Ich glaube, es geht nicht nur um einen Sport mit Namen: »Das Finanzamt austricksen«, sondern dahinter steckt auch ein Glaubensbekenntnis: »Festhalten, was Du hast!« oder noch besser: »Soviel herausholen wie möglich!«

Soziologen sprechen vom homo oeconomicus, vom modernen Marktmenschen. Der moderne Marktmensch setzt auf die Endlosigkeit der Geldvermehrung und seines eigenen Lebens. Sein Leitbild ist der sagenhafte König Midas aus der Antike, dem die Götter ein Geschenk gewährten, das er sich selbst wählen durfte. Midas sprach: »Alles, was ich mit dem Leib berühre, soll sich in blankes Gold verwandeln.« Er bricht einen Zweig vom Baum ab, sogleich verwandelt er sich in Gold. Er hebt einen Stein auf, er berührt die Erde. Alles wird zu Gold. Schließlich decken ihm Diener den Tisch, mit den herrlichsten Früchten und Speisen. Doch der Apfel, den er essen will, wird zu Gold, er beißt nicht ins Brot, er beißt auf Gold. Die diese Sage erzählten, wollten vor dem Schicksal des Königs Midas warnen.

»Wem viel gegeben ist, bei dem wird man viel suchen; und wem viel anvertraut ist, von dem wird man umso mehr fordern.«

Von wem ist hier die Rede? Wer sucht und wer fordert? Daß es nicht nur um Steuern und ums Finanzamt geht, spüren wir alle. Doch daß ich für das, was ich bin oder habe, verantwortlich bin, daß ich einmal gefragt werden könnte, was ich mit meinem Leben angefangen habe, scheint heute wie ein Gedanke aus einer anderen Welt zu sein. Stattdessen höre ich überall: Man lebt nur einmal. Was ich jetzt verpasse, habe ich für immer verpaßt. Das Leben ist die letzte Gelegenheit. Denn wer weiß, was hinterher kommt.

Mir scheint, daß hier eine Grundverfassung menschlichen Lebens aus dem Blick geraten ist. »Was hast du, was du nicht empfangen hast?« fragt Paulus. Ich habe mich nicht selbst erschaffen, sondern ich bin Geschöpf. Ich habe mir nicht alles selbst erarbeitet, sondern das meiste verdanke ich anderen.

Ich habe mir mein Leben auch nicht zusammengekauft, sondern das, was im Leben wirklich zählt, ist mir geschenkt worden. Was habe ich aus diesem Kapital gemacht? Oder mit den einfachen Worten des Hauptmanns von Köpenick: »Und denn stehste vor Gott, dem Vater, und der fragt dir ins Jesichte: Willem Voigt, wat haste jemacht mit dein Leben? Und da muß ick sagen – Fußmatte. Die hab ich jeflochten im Jefängnis. Jeh wech, sagt Gott. Dafür hab ick dir det Leben nich jeschenkt.« – »Wat haste jemacht mit dein Leben?« Ich habe viel bekommen. Das Wichtigste, das Kostbarste: Zeit, Lebenszeit. Jeden Tag 1440 Minuten, 8760 Stunden im Jahr. Mehr als ich nutzen oder genießen kann.

Gesundheit und Arbeitskraft, ein Herz zum Mitfühlen und einen Kopf zum Nachdenken. Ohne mein Zutun bin ich in Mitteleuropa, einem bevorzugten Winkel der Erde geboren. Von Krieg bin ich verschont worden, ich mußte nicht fliehen, ich muß nicht hungern, ich konnte lange zur Schule gehen, sogar studieren, ich habe eine sinnvolle Arbeit.

Lauter Privilegien! Stecke ich sie wie einen Besitz ein, oder weiß ich, daß ich dafür auch eine Verantwortung habe? Ich bin überzeugt: Alles, was wir tun, auch alles, was wir lassen, hat Folgen. Ob es Bestand hat, können wir selbst nicht beurteilen. Aber einmal kommt raus, wie es um das eigene Leben steht oder stand. Einmal wird die Wahrheit sichtbar. Aber nicht durch den Ausdruck des Kontostandes. Das wäre eine erbärmliche Wahrheit. Nein, ich glaube, es gibt überhaupt kein menschliches Urteil in letzter Instanz. Das letzte Wort hat Gott, und ich hoffe, es wird ein gnädiges Wort sein. Wir leben aber sinnvoller und auch wahrer, wenn wir nicht vergessen, daß es diese letzte Instanz gibt.

Amen.

Lieder: Sei Lob und Ehr dem höchsten Gut
(EG 326, 1.5–7)
Hilf, Herr meines Lebens (EG 419)

Psalm: 40, 6–12

Gebet: Wir sind stark und wissen uns selbst zu helfen.
Aber wir haben die übersehen, die auf Hilfe anderer angewiesen sind.

Wir sind gesund und haben einen Arzt.
Aber es gibt genug Kranke, die nie besucht werden.
Wir sind satt und können mehr essen, als wir vertragen können.
Aber wir denken selten an die, die täglich ums Überleben kämpfen.
Wir haben Angehörige und Freunde und sind nicht allein.
Aber wir haben die vergessen, die in Einsamkeit ihre Tage zubringen.
Vergib uns Gott! Sei uns gnädig!
Gib uns eine zweite Chance.
Amen.

Hans-Martin Lübking

10. SONNTAG NACH TRINITATIS

Wohl dem Volk, dessen Gott der Herr ist, dem Volk, das er zum Erbe erwählt hat. (Psalm 33, 12)

In den Dörfern meiner süddeutschen Heimat wurde ein unbekanntes Kind gefragt: »Wie heißt du?« Dann gab es den Vornamen an. Oder es wurde gefragt: »Wem gehörst du?« Dann gab es den Familiennamen an. Die Christen stehen in dieser Tradtion. Sie gehören Jesus Christus, und sie nennen sich nach seinem Namen Christen. Auch die Israeliten stehen in dieser Tradition, und sie nennen sich in der Zugehörigkeit zu ihrem Gott Volk Gottes.

Jesus betont, daß es Gott vorbehalten ist und nicht unsere Sache, gerettete und verlorene Menschen zu unterscheiden. Jesus sucht und macht selig, was verloren ist. Gott kennt keine Einzelkinder. Aber sind nur Christen seine einzigen Kinder? Zum Abschluß unseres Predigerseminars fuhren wir in die Niederlande. Dort in Holland waren wir jungen deutschen Theologen sehr überrascht davon, daß in den ökumenischen Arbeitsgemeinschaften auf Stadtebene mit großer Selbstverständlichkeit auch die jüdischen Gemeinden eingebunden waren. Ja: Gott liebt seine Christenkinder. Gott liebt seine jüdischen Kinder. Gott liebt seine Menschenkinder.

Wir alle haben Bilder vor Augen, wie kleine Kinder – vor Schreck und Glück zugleich – jauchzen, wenn ein Erwachsener sie in die Luft wirft, und sie nach dem Moment, den sie atemlos in der Luft stehen, wieder aufgefangen werden. Das ist eine wichtige Körperübung für das, was wir als Menschen lernen müssen, was wir nur mit Menschen lernen können, zu denen wir Vertrauen schon haben. Für Erwachsene gilt es, die Kinder nicht nur loszulassen, sondern auch geradezu – hier in die Luft, dort ins Wasser – zu stoßen, sie dann aber auch wieder aufzufangen, ins Trockene zu bringen. Unsere Fürsorge soll nicht ängstlich sein und die Kinder fesseln. Wir sollen das Vertrauen üben, daß Gott auf seine Kinder achtet und sie als freie Menschen haben will. Für die Kinder gilt es, das Abenteuer der Freiheit zu üben und zugleich das Vertrauen auf Beziehungen, auf Gemeinschaften zu festigen. Sie sollen Mut gewinnen für den eigenen Weg. Sie gewinnen Vertrauen, daß sie zu Hause willkommen sind.

Eine ganz ungeheuerliche Geschichte drängt sich mir freilich auch auf. Da steht der Vater am Fuß der Treppe, und das Kind springt zaghaft von der ersten Stufe in Vaters Arme und ist glücklich. Es wird mutiger und springt von der zweiten und dritten Stufe in Vaters Arme – und ist glücklich. Es springt von der vierten Stufe, eine Spur zu kurz, aber der Vater greift zu, und die Übung ist wieder glücklich gelungen. Noch einmal springt das Kind von der vierten Stufe – aber der Vater ist nicht da. Das Kind fällt und verletzt sich schlimm.

»So geht es unserem Volk in seiner langen Geschichte mit seinem Gott«, meint ein jüdischer Erzähler, »aber wir halten in allen Erfahrungen daran fest, daß der HERR unser Gott ist; und wir sind sein erwähltes Volk.« Die Wahrheit dieser Geschichte beschämt und trifft mich in meiner deutschen Geschichte. Ich freue mich aber auch, daß ich bei Jesus Christus Gottes menschliche Zuwendung erlebe, daß ich in seiner Nähe vertrauensvoll über die Rätsel Gottes klagen und zweifeln kann. Er stürzt mit, wenn ich stürze. – Aber tut Gott das nicht auch mit seinem jüdischen Volk?

Amen.

Lieder: Strahlen brechen viele (EG 268)
Gib Frieden, Herr, gib Frieden (EG 430)

Psalm: 74, 1–3.8–11.20–21

Gebet: Friede den Menschen, die bösen Willens sind,
und ein Ende aller Rache
und allen Reden über Strafe und Züchtigung …
Amen.
(GEBET aus dem Frauen-Konzentrationslager
Ravensbrück – EG 94)

Gerd Lautner

11. SONNTAG NACH TRINITATIS

Gott widersteht den Hochmütigen, aber den Demütigen gibt er Gnade. (1. Petrus 5,5)

Im grauen Kittel muß Aschenputtel von morgens bis abends arbeiten, während ihre stolzen Stiefschwestern in schönen Kleidern zum Tanzen gehen. Doch am Ende heiratet Aschenputtel den Königssohn.

Das schöne Schneewittchen ist sich nicht zu schade, den sieben Zwergen den Haushalt zu führen. Fast scheint sie den Nachstellungen der neidischen und hochmütigen Stiefmutter zum Opfer zu fallen. Doch zuletzt bekommt sie den Königssohn, und die böse Stiefmutter stirbt beim Hochzeitsfest.

Am Ende gewinnen die Demütigen, so erzählen es die Märchen. Und viele Sprichwörter wissen: Hochmut zahlt sich nicht aus. »Wenn Hochmut aufgeht, geht Glück unter« – oder »Lern dienen und demütig sein, so wirst du herrschen dermalein« oder auch mit den Worten der Bibel: »Wer zugrunde gehen soll, der wird zuvor stolz; und Hochmut kommt vor dem Fall.« Hier spricht praktische Lebenserfahrung. Jeder hat es erlebt, jeder kann hier mitreden – nach dem Motto: »Der fällt auch noch auf die Schnauze!« Wer die Nase zu hoch trägt, der wird sich meist noch wundern.

Doch die Lebenserfahrung sagt auch: »Wer sich zum Schaf macht, den fressen die Wölfe.« Wer Erfolg haben will, der darf sich nicht hinten anstellen, sondern muß überzeugend auftreten, auf sich aufmerksam machen, sich gut darstellen und vor allem von sich selbst überzeugt sein. Mit Zurückhaltung kommt man nicht weit.

»Gute Mädchen kommen in den Himmel, böse überall hin. Warum Bravsein uns nicht weiterbringt«, lautet der Titel eines Buches, das seit Monaten die Bestsellerlisten anführt. Nur selbstbewußte, aufmüpfige, streitbare Frauen kommen weiter, erklärt die Autorin. »Sie stellen unmißverständliche Forderungen. Sie lassen sich von niemandem verunsichern. Sie wollen nicht um jeden Preis gefallen. Sie nutzen ihre Energie für IHRE Ziele. Sie sind stolz auf ihre Erfolge. Sie sprechen eine direkte Sprache und machen sich weniger Gedanken über das, was andere tun und denken könnten. Die bösen Mädchen haben Lust zu siegen.«

Ich kann den Erfolg des Buches verstehen: Gerade von Frauen wurde doch in der Tat immer wieder erwartet, freundlich, nachgiebig und brav zu sein – gleichsam »zum Dienen geboren«. Wer hier zum Widerstand aufruft, Selbstbewußtsein und Siegeswillen predigt, der kann sich heute zu Recht des Beifalls sicher sein. Mir fällt jedoch auf: Alle wollen heute nur noch Siegerinnen und Sieger sein. Zurückhaltung ist nicht mehr gefragt. Es zählt nur noch der Erfolg. Belegt im Sport einer den zweiten Platz, lautet die erste Frage des Reporters: Woran lag's? Nur der Sieg ist noch berichtenswert. Ein zweiter oder gar ein dritter Platz sind nichts mehr wert. Auch die »Frauen brauchen eine Siegermentalität«, fordert die Buchautorin. »Forever number one« heißt das Vereinslied von Bayern München. Und die Deutsche Telekom wirbt mit dem Slogan: »Wir vermitteln ihnen das gesamte Wissen der Welt – per Tastendruck.« Die Größten, die Besten, die Sieger – Größenwahn macht sich breit.

Am Anfang der Bibel wird in einer Geschichte erzählt, was Überheblichkeit anrichtet. Es fängt harmlos an. Am Anfang steht eine technische Erfindung. Die Menschen haben gelernt, Ziegel zu brennen. Der technische Fortschritt stachelt den Ehrgeiz an und beflügelt die Phantasie: »Wohlauf, laßt uns eine Stadt und einen Turm bauen, dessen Spitze an den Himmel reiche, damit wir uns einen Namen machen; denn sonst werden wir zerstreut in alle Länder.«

So schlägt der Fortschritt um in Maßlosigkeit und Hochmut. Die Menschen wollen ein grandioses Bauwerk errichten, um sich selbst zu verewigen. Sie wollen einen Turm bis in den Himmel bauen, um ihrer menschlichen Begrenztheit zu entfliehen. Sie wollen in die Sphäre Gottes eindringen, um sich an Gottes Stelle zu setzen.

Die Bibel erzählt: Da fuhr Gott vom Himmel hernieder, um sich die Stadt und den Turm einmal etwas näher anzusehen. Welch feinsinnige Ironie! »Immer wenn Menschen sich gottgleich gebärden, machen sie sich lächerlich.« (H. Zahrnt) So bedarf es keiner besonderen Strafaktion Gottes, um die Brüchigkeit dieses gigantischen Unternehmens zu demonstrieren. Es genügt, wenn Gott der Geschichte ihren Lauf läßt. Die Menschen spielen sich auf, als wären sie Gott selbst – und was kommt dabei heraus: ein großes Chaos, allgemeine Verständnislosigkeit, eine einzige Sprachenverwirrung.

»Gott widersteht den Hochmütigen, aber den Demütigen gibt er Gnade.«

Die Geschichte vom Turmbau zu Babel wird in der Bibel nicht erzählt, um den Menschen zu demütigen, sondern um ihn an menschliches Maß zu erinnern. Wir sind begrenzte Geschöpfe Gottes, die sich irren, Fehler machen, sich verschätzen, voller Illusionen sind und meist die Folgen des eigenen Tuns gar nicht überblicken. Wir sind nicht allmächtig und haben keinen Grund zum Hochmut. Und wir sind um so menschlicher, je mehr wir das wissen und danach leben. Wer immer die Nummer Eins sein will, ist in aller Regel unausstehlich.

Gott gegenüber bleibt uns ohnehin nichts anderes als Demut. Erfolgsmenschen und Siegertypen imponieren ihm nicht. Wir müssen ihm auch keine Fassaden präsentieren. Gott liebt uns als die Menschen, die wir sind, und nicht als die, die wir sein möchten. Das macht gelassen und demütig, aber nicht unterwürfig. Denn Demut vor Gott ist Mut für andere Menschen. Mut, sich nicht bedienen zu lassen, sondern seine Zeit und sein Geld auch für andere einzusetzen, ohne sofort zu fragen, was für einen selbst dabei herausspringt. Mag sein, daß solche Demut zur Zeit einen schlechten Klang hat. Damit können wir leben.

Amen.

Lieder: Aus tiefer Not (EG 299, 3.4)
Die ganze Welt hast Du uns überlassen (EG 360)

Psalm: 113,3–7 oder: H. D. Hüsch, Es ist dem Menschen beigegeben, in: ders., Das Schwere leicht gesagt, Freiburg 1994, 32

Gebet: Laß mich eines lernen, barmherziger Gott,
daß ich kein Übermensch bin.
Meine Kräfte haben Grenzen,
und vieles bleibt unfertig von dem, was ich bin
und tue.

Ich muß nicht alles können,
und ich muß nicht immer beweisen,
wie gut ich bin.
Du, Gott, hältst zu mir. Daran will ich mich halten.
Amen.

Hans-Martin-Lübking

12. SONNTAG NACH TRINITATIS

Das geknickte Rohr wird er nicht zerbrechen, und den glimmenden Docht wird er nicht auslöschen.
(Jesaja 42,3)

Als kleiner Junge bin ich am liebsten auf den nahegelegenen Schrottplatz gelaufen. Ein wahres Fest für die Augen. Was es da alles zu sehen und zu entdecken gab: Autos, die wie neu aussahen, in die man hineinklettern und losfahren konnte. In Gedanken jedenfalls. Der große Bus bewegte sich nicht wirklich, aber das war auch gar nicht so wichtig. Die Vorstellung reichte aus, und er fuhr los. Alle fuhren sie los, der schicke Sportwagen, der Fiat 500 genauso wie der 7-Tonner.

Von allem gab es hier unendlich viel: Berge von Türen, Stoßstangen, Zündkerzen, Autoreifen, Sitze, Sitze und nochmals Sitze. Warum das alles weggeworfen worden ist, warum es keiner mehr haben wollte, das habe ich nie verstanden.

Daß Menschen alles aufheben, weil sie für alles eine Verwendung finden, ist mir Jahre später bei meinen Besuchen in der DDR aufgefallen. Hier wurde nichts weggeworfen: egal ob verbeulte Trabbis, Achsen, kaputte Bremsen, Lenkräder, Fensterscheiben, ... egal, alles könnte ja irgendwann einmal Verwendung finden. So jedenfalls dachten sie damals in der DDR. Mit dem Verschwinden der DDR verschwanden auch die Menschen, die so dachten und handelten. Heute muß es das Neueste von allem sein, nur das ist gut genug.

Die Schrottplätze wachsen ohne Ende. Die Müllbeseitigung bzw. -verwertung ist ein zentrales Problem unserer Zeit geworden.

Und so wie der Müll wächst die Zahl der Menschen, mit denen keiner mehr etwas anzufangen weiß. Obdachlose, Arbeitslose, Vagabundierende, Asylsuchende, Drogenabhängige, Prostituierte, Kriminelle usw. Eine schier unendliche Zahl namenloser Menschen, mit denen keiner etwas zu tun haben will. Ich denke dabei an die Bahnhöfe oder Einkaufspassagen, aus denen sie regelmäßig vertrieben werden. Private, gut bezahlte Sicherheitsdienste kümmern sich darum, daß es vor den Geschäften ordentlich und sauber zugeht. Schließlich möchte man die Kunden nicht verlieren.

Das geknickte Rohr wird er nicht zerbrechen, und den glimmenden Docht wird er nicht auslöschen. So jedenfalls wird es vom Gottesknecht erwartet: König, Priester und Prophet, Herrscher, Menschenfreund und Erlöser. Lang, lang ist's her. Wo gibt's so etwas heute noch? Wo sind die Mächtigen, denen jeder Mensch gleich wichtig, weil gleich*gültig* und nicht *gleich*gültig ist?

Sicherlich hat es damit zu tun, daß wir seelenruhig mit ansehen, wie immer mehr Menschen zum *alten Eisen* gerechnet bzw. wie Müll aussortiert werden, weil wir gleichgültig geworden sind. Die Menschen, um die es geht, sind ihrer Namen beraubt worden. Sie sind nichts weiter als Zahlenmaterial. Was bedeutet es uns schon, wenn wir lesen: Mehr als 40.000 (!) Kinder gibt es derzeit in der Bundesrepublik Deutschland, die kein Zuhause haben, die auf der Straße *leben!?* Was kümmert's uns schon, wenn das Kampfflugzeug Eurofighter gebaut werden soll – in 180facher Anfertigung. Wohlwissend, daß man mit demselben Geld eines einzigen (!) Modells 3000 Ausbildungsplätze einrichten könnte. Wie auch immer, wir *sind* gleichgültig geworden. Die Menschen sind uns *gleich*gültig geworden.

Woran liegt's? Vielleicht gehören wir ja selber zu den Opfern? Vielleicht ist es uns einfach zuviel: die Arbeit, die Familie, die Wohnung, die Schulden? Und dann die unaufhörliche Flut schlechter Nachrichten – im Fernsehen, im Radio, in der Presse. Es hört nie auf. Und dann die bange Frage: Wie lange noch? Wann erwischt es mich? Vielleicht haben wir keine Träume mehr, fehlt es uns an Visionen, an Gegenbildern?

Was ist das Geheimnis der Müllverwertung? Trennen. Trennen, das ist das Zauberwort. Müll ist die Vermischung von vielem. An sich gibt es keinen Müll. Jedes für sich betrachtet, ist wertvoll und brauchbar. Wir müssen es nur erkennen. Auf den Menschen übertragen heißt das, wir müssen ihn lieben. Wenn wir den Menschen lieben, entdecken wir seinen Wert, seine Möglichkeiten, seine Begabungen. Wenn wir ihn lieben, können wir trennen zwischen seinem Wert und seiner gegenwärtigen Erscheinung. Wenn wir trennen, entdecken wir in dem Obdachlosen den Menschen, der einen Namen und Bedürfnisse hat, den eine persönliche Geschichte auszeichnet, der atmet und liebt und leben will.

Das geknickte Rohr wird er nicht zerbrechen, und den glimmenden Docht wird er nicht auslöschen. Mit welchem Recht tun wir es?

Amen

Lieder: Gott gab uns Atem (EG 432)
Wir beten für den Frieden (EG 678)
Psalm: 13
Gebet: Gott,
Jesus war einer von ihnen,
ohne Dach über dem Kopf,
verstoßen und verachtet von so vielen,
schließlich zu Tode gequält.
Gott, öffne mir das Herz,
damit ich erkenne,
wie Du mir begegnest –
als Obdachloser, Asylsuchender,
Kind auf der Straße.
Amen.

Günter Törner

13. SONNTAG NACH TRINITATIS

Christus spricht: Was ihr getan habt einem meiner geringsten Brüder, das habt ihr mir getan.
(Matthäus 25, 40)

Es ist ein sonniger Samstagvormittag in der Altstadt. Der Bettler, der vor der Kirche sein Quartier aufschlägt, gehört schon zum gewohnten Bild. Er zieht ein kaum lesbares Pappschild aus einer Plastiktüte und hängt es sich um den Hals.

Von nun an wird das Stimmengewirr auf der Straße übertönt durch sein »Haben sie vielleicht 'ne kleine Spende?« Wer hier entlanggeht, der muß an ihm vorbei.

»Mama, warum hat der Mann ein Schild um?« fragt ein kleiner Junge und läuft zu dem Bettler hin. Schnell zieht die Mutter das Kind weg.

»Haben Sie vielleicht 'ne kleine Spende?« fragt er eine ältere Frau. »Geh arbeiten, das müssen andere auch!« zischt sie. Eine andere gibt ihm ein paar Groschen.

Aus der Kirche heraus kommt ein Mann auf den Bettler zu. Er schwenkt einen Geldschein, drückt ihn dem Bettler in die Hand. Unter den Blicken der Vorbeigehenden klopft er ihm kumpelhaft auf die Schulter und geht dann mit federnden Schritten davon.

»Haben Sie vielleicht 'ne kleine Spende?« ... So wird das den ganzen Vormittag weitergehen. Und der Bettler wird am Ende eine beträchtliche Summe zusammenhaben.

Er hat hier einen guten Standort und mit seiner offensiven Art, auf die Leute zuzugehen, betreibt er seinen Job ganz professionell.

Warum geben Leute ihm Geld?

Die meisten wissen doch, daß die wirklich Bedürftigen andere sind: z.B. die, die stinkend in den Grünanlagen hinterm Bahnhof liegen, die in Mülleimern wühlen, oder die, die sich in Hinterzimmern prostituieren müssen, seelisch kaputt, entwürdigt.

Aber solche wie sie gehören nicht zum Bild einer Altstadt am Samstagvormittag. Da geht es gepflegter zu. Und selbst die Bettler sind Profis. Auch der Bettler vor der Kirche. Mit seinem Auftreten spricht er das schlechte Gewissen der Zeitgenossen an.

Und wer in frischgewaschener Wochenendstimmung durch die Stadt schlendert, die Kreditkarte in der Tasche und ein bißchen Bargeld, der hat gute Laune. Die will er sich nicht verderben lassen von einem, der ihn mit seinem Aussehen und seinen Fragen an die andere Seite unseres Wohlstandes erinnert: an die Armut.

Zügig weitergehen oder eben ein Geldstück geben – will man nicht möglichst schnell fertig sein mit diesem Thema.

Die, die dem Bettler Geld geben, haben wahrscheinlich das Gefühl: Ich hab was Gutes getan.

Und haben sie nicht auch Jesus auf ihrer Seite, der gesagt hat: »Was ihr einem von meinen geringsten Brüdern getan habt, das habt ihr mir getan«?

So einfach ist es doch wohl nicht. Ein Geldstück im Vorübergehen beruhigt für einen Moment das schlechte Gewissen. Aber das Problem mit der Nächstenliebe löst es nicht.

Nicht auf Kosten anderer leben – das wäre ein Anfang. Es wäre ein Beitrag dazu, daß Menschen erst gar nicht an den Rand gedrängt werden.

Solche praktische Nächstenliebe erfordert Phantasie, Tatkraft und: Ausdauer.

Lieder: Wo ein Mensch Vertrauen gibt (Mein Liederbuch, B 195)
Wenn das Brot, das wir teilen (EG 667)

Psalm: Die Seligpreisungen (Matthäus 5, 3–10)

Gebet: Gott, die Bettler in der Stadt sind für uns alltäglich geworden. Laß es nicht zu, daß wir abstumpfen und unsere Herzen verhärten. Aber bewahre uns vor der Naivität, die an die Seligkeit des Gebens ohne die Verantwortung für die Bedürftigen glaubt. Stärke unsere leidenschaftliche Liebe zu allem Lebendigen. Segne unsere wütende Empörung gegen alles Unrecht. Beflügele unsere Phantasie, daß sie Taten hervorbringt, die das Gute fördern.
Amen.

Andrea Seils

14. SONNTAG NACH TRINITATIS

Lobe den Herrn, meine Seele, und vergiß nicht, was er dir Gutes getan hat. (Psalm 103,2)

»Gotteslob«, so heißt das katholische Kirchengesangbuch. Als es 1975 herauskam, erwies es sich als ein richtiger Renner. Der Verlag kam anfangs gar nicht mit dem Druck nach, so stark war die Nachfrage. Vermutlich kam es darum in mancher Buchhandlung mehrmals täglich zum gleichen Gespräch: »Ich hätte gerne das neue katholische Gesangbuch. – Tut mir leid, das kommt erst in drei Wochen wieder herein.« Ein Buchhändler in Münster jedenfalls hatte damals an seiner Ladentür ein großes Schild angebracht, auf dem zu lesen stand: »Zur Zeit kein Gotteslob vorrätig«.

Zur Zeit kein Gotteslob vorrätig, das Doppeldeutige dieser Aussage bringt einen zum Lächeln und ins Nachdenken. Zur Zeit kein Gotteslob vorrätig, diese Aussage hat fast zeitlose Gültigkeit. Das Klagen nämlich fällt leichter als das Loben. Und in der Tat gibt es ja in der Welt viel zu vieles, das beklagenswert ist, ja das gar nicht laut genug beklagt werden kann. Und auch in mancher persönlichen Lebensgeschichte beansprucht das Klagen seinen Platz sehr zurecht.

Offenbar war das schon zu biblischen Zeiten nicht viel anders, offenbar lag auch damals vielen Menschen das Klagen näher als das Loben. Offenbar war auch damals immer wieder kein Gotteslob vorrätig. Nur so ist ja zu erklären, daß auch die Menschen damals eine Ermunterung zum Loben brauchten: »Lobe den Herrn, meine Seele«.

Seele, das meint nun nicht einen abgegrenzten Bezirk des Menschen, unterschieden von Körper und Geist. Seele ist hier vielmehr gleichbedeutend mit Leben. Die Selbstermunterung dieses Bibelwortes ist darum so zu verstehen: Lobe den Herrn, mein Leben; vergiß nicht, was der Herr dir in deinem Leben Gutes getan hat.

Und was hat Gott mir in meinem Leben Gutes getan? Martin Luther hilft mir, das zu erkennen. In seinem Kleinen Katechismus erklärt er, was unter dem täglichen Brot zu verstehen ist, nämlich »alles, was zur Leibes Nahrung und

Notdurft gehört«. Seine Sprache mag hier altertümlich klingen, das von ihm Gemeinte ist es sicher nicht. Das Gute, das Gott mir schenkt, ist alles das, was ich unbedingt zum Leben brauche, alles das, was mir das Leben lebenswert macht.

Was des Leibes Nahrung und Notdurft ist, also was das mir von Gott geschenkte Gute ist, erläutert Luther dann so:

Essen, Trinken, Kleidung, eine Wohnung, eine Arbeitsstelle, ein ausreichendes Auskommen, eine verläßliche Partnerschaft, liebevolle Eltern, gute Kinder, zuverlässige Kolleginnen und Kollegen, gerechte Vorgesetzte, eine verantwortungsbewußte Regierung. Hinzu kommt gutes Wetter, Friede, Gesundheit, Selbstbeherrschung, Ansehen, gute Freundschaft, verträgliche Nachbarn.

Das alles brauche ich zum Leben, das alles macht mein Leben lebenswert. Und ich bin Gott dankbar für alles das, was aus dieser langen Liste mein Leben bereichert. Dankbar bin ich ihm deshalb, weil ich letztlich dieses alles nicht mir selber verdanke. Das merke ich schmerzlich an dem, was mir in meinem Leben fehlt und was ich trotz meiner Bemühungen nicht habe erreichen können. Das mir scheinbar Selbstverständliche ist eben nicht selbstverständlich. Diese Erfahrung lädt mich dazu ein, Gott auch für all das Gute in meinem Leben zu danken und zu loben, das ich wie selbstverständlich hinnehme.

Nun aber ist das Gute, das Gott mir schenkt, nicht immer deckungsgleich mit dem, was ich mir wünsche. Wenn es nämlich nach meinen Wünschen ginge, dann bliebe mir Schweres erspart, dann wäre ich von Krankheiten verschont, dann brauchte keine Träne zu fließen. Die dem Wochenspruch folgenden Verse allerdings blenden das Bedrückende gerade nicht aus. Von Sünde ist da die Rede, von Krankheit und von Verderben. Wohl, Gott vergibt Sünde, heilt Krankheit und erlöst vom Verderben, dafür lobt dieser Psalm ihn. Aber Gott schafft weder Sünde noch Krankheit noch Verderben ab. Seine Güte erfahre ich vielmehr dadurch, daß er mich in alledem nicht allein läßt und mir darin Kraft zum Weiterleben schenkt.

Und manchmal ergeht es mir sogar so, daß ich im Nachhinein manches Schwere in meinem Leben anders sehe. Das damals Schwere nämlich hat mich gestärkt, die damaligen schlechten Erfahrungen lassen mich wachsamer sein, die damaligen Fehler mache ich kein zweites Mal.

Dieses Psalmwort ermuntert mich, die Albumseiten in meinem Lebensbuch mit wachen Augen zu betrachten. Es ermuntert mich, gerade auch im Alltäglichen zu erkennen, wie gut Gott es mit mir meint. Es ermutigt mich, auch in manchen damals entmutigenden Erfahrungen zu erkennen, daß Gott es gut mit mir meint. Wenn ich so mein Lebensbuch rückblickend und nachdenkend durchblättere, dann werde ich zum Dank und zum Lobe Gottes gedrängt. Dann schreibe ich angesichts all des Guten, das Gott mir getan hat, in mein Lebensbuch: Gotteslob vorrätig!

Amen.

Lieder: Nun lob, mein Seel, den Herren (EG 289)
Ich singe dir mit Herz und Mund (EG 324)

Psalm: 103, 1–13

Gebet: Gott, für das Gute in meinem Leben danke ich Dir. Für das tägliche Brot und für alles das, was Herz und Sinnen erfreut. Für die Menschen, die zu mir halten und die mich halten. Für das Lachen, für die Schönheit der Natur, für die Musik. Für Bewahrung in Gefahren, für Kraft in Krankheiten, fürs Erfahren von Vergebung. Für das Erstarken im Schweren, für das Vorwärtskommen trotz Widerstände, für den Neuanfang nach Versagen. Das will ich nie vergessen. Dafür danke ich Dir. Dafür lobe ich Dich.
Amen.

Werner M. Ruschke

15. SONNTAG NACH TRINITATIS

All eure Sorge werft auf ihn, denn er sorgt für euch.
(1. Petrus 5,7)

Diskussionsveranstaltung zum Thema »Organtransplantation«. Nach der Veranstaltung komme ich mit einer Frau ins Gespräch. Sie hatte sich zuvor an der Diskussion darüber, ob der Hirntod ausreichendes Kriterium für den Tod eines Menschen sei, nicht beteiligt. Sie erzählt mir ihre Geschichte – genauer: die Geschichte ihres Mannes:

Vor einigen Jahren erhielt er die düstere Diagnose, daß eine Hepatitisinfektion Leberzirrhose ausgelöst habe. Es gebe nur noch eine Möglichkeit: Transplantation. Jahre später – es war im Mai – kam er auf die Warteliste. Es begann eine außerordentlich belastende Wartezeit. Jederzeit – tagsüber und nachts – konnte der Ruf zur Operation erfolgen. Ängste, Fragen, Sorgen: Würde die Operation gelingen oder mißlingen? Würde rechtzeitig ein Spender zur Verfügung stehen oder würde der Tod schneller sein?

Angespanntes Warten bis zur Belastbarkeitsgrenze – Sorgen und Angst, die nicht mehr ruhig schlafen lassen – die Empfehlung, während der Wartezeit psychologische Beratung in Anspruch zu nehmen.

Ich mußte an diese Begegnung denken, als ich mich mit dem Text aus dem 1. Petrusbrief beschäftigte: »All eure Sorge werft auf ihn.« Wie hören diese Frau, dieser Mann, diese Familie eine solche Empfehlung? Als billige Vertröstung, als Ablenkungsmanöver von ihren Ängsten und Sorgen – oder gar als heimliche Garantie für eine erfolgreiche Operation?

Wie hören die ursprünglichen Leser unseres Textes diese Empfehlung? Sie mußten mit der Erfahrung fertig werden, daß sie als Christen beschimpft und angefeindet werden, Bestrafungen und Leiden ausgesetzt sind. Vor diesem Hintergrund lesen sie: »All eure Sorge werft auf ihn.« Sie lesen nicht: All eure Sorge wird er wegzaubern. Sie lesen auch nicht: Stellt euch nicht so an, es ist alles halb so schlimm. Vielmehr: Ängste und Sorgen gehören zum menschlichen Leben. Aber Ängste und Sorgen sind keine ausreichende

Grundlage für menschliches Leben. Wer sich von ihnen gefangennehmen läßt, kommt von sich selbst nicht mehr los und kann nicht mehr nach vorn blicken. Ihr könnt aber nach vorn blicken, weil er für euch sorgt. Die Sorge um euer Leben und um eure Zukunft sind euch genommen. Denn die Zukunft gehört Gott.

Der erste Teil unseres Textes ist ein Zitat aus Psalm 55. Die Leser werden erinnert, daß bereits vor ihnen Menschen diesen Umgang mit ihren Sorgen und Ängsten ausprobiert haben – sie haben sie auf ihn geworfen im Vertrauen darauf, daß die Zukunft ihres Lebens unter seiner Zusage steht.

Ich weiß nicht, wie meine Gesprächspartnerin auf diese Überlegungen reagiert hätte. Aber was sollte sie in ihrer Situation anderes tun, als nach vorn zu blicken und im Vertrauen auf einen Spender und die Kunst der Ärzte ihre Sorgen »auf ihn zu werfen?«

Bevor wir uns verabschieden, erzählt sie mir noch, wie es mit der Transplantation ihres Mannes weiterging: Im Dezember des Wartejahres erfolgte die Operation. 14 Tage danach starb er.

All eure Sorge werfet auf ihn, denn er sorgt für euch: Das ist keine Garantie für einen sorgenfreien Alltag oder gar für ein Happy-End in bedrohten Lebenssituationen. Aber es ist der Hinweis auf den, der mein Leben trägt – auch und gerade in Extremsituationen, auch und gerade in meinen Sorgen und Ängsten.

Amen.

Lieder: Auf meinen lieben Gott (EG 345)
Wer nur den lieben Gott läßt walten (EG 369)

Psalm: 127, 1–2

Gebet: Gott, es gibt Tage, da habe ich Angst.
Da komme ich von Ängsten und Sorgen nicht los.
Aber ich möchte lernen, damit umzugehen.
Ich möchte auch in meinen Ängsten und Sorgen
noch nach vorn blicken können –
im Vertrauen auf Deine Zusage.
Amen.

Heinz-Georg Ackermeier

16. SONNTAG NACH TRINITATIS

Christus Jesus hat dem Tode die Macht genommen und das Leben und ein unvergängliches Wesen ans Licht gebracht durch das Evangelium. (2. *Timotheus* 1,10)

»Gut ist, was verrottet.« So lautet der Titel eines Büchleins mit Gedichten eines modernen Autors. »Gut ist, was verrottet«: Das ist eine der wichtigsten Einsichten der Ökologie. Was sich nicht in den natürlichen Kreislauf von Werden und Vergehen einfügt, belastet die Umwelt in unerträglicher Weise. Berge von Plastik, Glas und Altmetallen, die man in früheren Jahren noch nicht recycelt hat, führen uns das vor Augen. Die Unvergänglichkeit dieser Stoffe ist das Problem.

Auch von den Menschen gilt: Es wäre wirklich nicht gut, wenn wir ewig leben würden! Wenn wir nicht mit unserem Tod und der anschließenden Verwesung Platz machten für nachkommende Generationen. In dieser Hinsicht gilt auch von uns Menschen: Gut, daß wir verrotten!

Diese Schlußfolgerung ist keineswegs zynisch gemeint. Unser Lebensbewußtsein hat sich seit der Abfassung des 2. Timotheusbriefes geändert. Unsterblichkeit ist für viele kein Thema mehr. Wir leben unser Leben hier und jetzt. Möglichst gut soll es werden und erlebnisreich. Und wenn wir unsere Pläne verwirklicht haben und das Leben richtig rund geworden ist, dann, stellen wir uns vor, können wir auch gut sterben. Hoffentlich geht es dann schnell. Es genügt uns die Vorstellung, daß unser Körper in den Kreislauf der Natur eingeht – hoffentlich nicht mit zu vielen chemischen Rückständen, denn die schaden der Erde.

Hand aufs Herz: Haben Sie solche Gedanken noch nie gehabt, und sind Sie nicht sogar ganz gut eingeschlafen damit? Ja, aber nicht immer? Ich gestehe es: auch ich nicht immer. Da finde ich mich doch neulich auf dem Dachboden unseres alten, von meiner Schwiegermutter geerbten Hauses und sinne über einen weiteren Dachausbau nach, aus praktischen Gründen. Mehrere Personen könnten dort Unterkunft finden. Aber dann ist plötzlich ein anderer Gedanke dabei: Meine Kinder würden vielleicht an mich denken, wenn sie mit ihren Familien in den Ferien diese Räume bewohnen – später, wenn ich einmal tot bin. »Hier, diese Wände hat Großvater gezogen«, könnten sie zu meinen Enkeln (die jetzt noch nicht auf der Welt sind) sagen. Indem ich mir die Szene ausmale, fühle ich Stolz in mir aufsteigen. Für einen Moment sehe ich die Grenzen meiner Endlichkeit aufgehoben. Und schon melden sich Zweifel. Und wenn mir keine Enkel geboren werden oder wenn die Kinder das Haus verkaufen? Wann und wo wird dann jemand an mich denken? Mit einem Mal füllte sich der Dachboden mit Trübsinn. – Durch dieses Erlebnis bin ich empfänglicher geworden für diese Worte: »Christus Jesus hat das Leben und ein unvergängliches Wesen ans Licht gebracht.« Ich soll nach meinem Tod in das unvergängliche Leben Gottes einbezogen werden. Dort werde ich nicht verloren gehen und nicht vergessen werden.

Diese Hoffnung steuert nicht nur der Melancholie auf dem Dachboden entgegen. Sie bringt mich auch in anderer Hinsicht zurecht. Mit meinem vergänglichen Wesen habe ich nämlich inzwischen so meine Erfahrungen gemacht. Früher hatte ich die Vorstellung, meine Persönlichkeit so weit entwickeln zu können, daß ich eines Tages rund und ganz wäre.

In einer oder der anderen Hinsicht mag ich inzwischen tatsächlich fortgeschritten sein. Aber heute weiß ich: Ein heiler und ganzer Mensch werde ich nie werden. Mein Ich steht allzuoft selbst auf den Zehen und macht allen Vollkommenheitsphantasien täglich mehrere Striche durch die Rechnung. Ich höre den Wochenspruch so: Wie Gott das Leben Jesu in seiner Herrlichkeit rund und heilvoll gemacht hat, so tut er es auch mit unserem Leben. Ich darf bis zu meinem Tode ein unvollständiger Mensch bleiben. Erst wenn ich von Gott erkannt bin, werde ich vollkommen sein.

Vielleicht baue ich den Dachboden aus. Aber dann ohne den Druck, mich selbst verewigen zu müssen.

Amen.

Lieder: Mit Freuden zart (EG 108, 1–3)
Wir danken dir, Herr Jesu Christ (EG 107, 1–3)
Psalm: 68, 4–7a. 20–21

Gebet: Gott, von unvergänglichem Wesen! Du hast durch Jesus Christus die Macht des Todes gebrochen und die Grenzen der Vergänglichkeit überwunden. Du gibst unserem Hunger nach Leben Hoffnung. Schenk uns Anteil an Dir, in dieser Lebenszeit und dann, wenn wir sterben.
Amen.

Heinrich Halverscheid

17. SONNTAG NACH TRINITATIS

Unser Glaube ist der Sieg, der die Welt überwunden hat.
(1. Johannes 5,4)

Sie: »Du sitzt ja noch immer am Schreibtisch! Bist du denn noch nicht fertig mit deiner Predigt?«

Er: »Nein! Diesmal fällt's mir besonders schwer, weil mir nichts Zündendes, Überzeugendes einfällt.«

Sie: »Laß mal sehen! Welcher Predigttext ist es denn?« (Liest.) ... »Unser Glaube ist der Sieg, der die Welt überwunden hat.« (Nach kurzem Überlegen:)

»Das ist aber auch ein merkwürdiger, schwieriger Text! Dazu fällt mir auf Anhieb auch kein guter Gedanke ein. Und das sollst du Menschen verständlich machen, die Tag für Tag mit beiden Beinen im Leben stehen, hinaus müssen in diese Welt, die gar nicht anders können, als sich alltäglich mit den großen und kleinen Sorgen des Lebens herumzuschlagen, mit vollen Bussen, verstopften Straßen, unfreundlichen Kunden, lernunwilligen Schülerinnen, mißgünstigen Kollegen, mit verspäteten Zügen, steigenden Preisen, unzufriedenen Vorgesetzten, mit dem drohenden Verlust des Arbeitsplatzes, zu wenig Kindergartenplätzen, mit banalen Talkshows im Fernsehen, wirklichkeitsfernen Politikern und und und ... Na, du weißt schon...!«

Er: »Ja, du hast ja recht, das war auch mein erster Gedanke. Ich mußte gleich an die junge Frau denken, die letzten Mittwoch spät abends zu uns gekommen ist, es war schon fast Mitternacht, und wir beide waren hundemüde und hätten gern die Flasche Wein ausgetrunken und wären dann schlafen gegangen. Du weißt doch, ihr Mann hatte sie einige Tage vorher verlassen. Er hatte sie sitzengelassen mit dem kleinen Kind, weil er so genervt war von der Situation zuhause: Er machte Schichtarbeit, sie ging putzen, um Geld dazuzuverdienen, die Wohnung war zu klein, die Schulden für die Möbel und das Auto wuchsen ihnen über den Kopf, das Kind war quengelig. Da hat er sich einfach davongemacht. Einfach – warum eigentlich einfach? Ich konnte ihn ganz gut verstehen. Man macht sich doch nicht so einfach aus dem

Staub, das hat doch eine Vorgeschichte. Der Mann war eben auch am Ende.«

Sie: (Empört) »Also, weißt du! Da kann er doch nicht so einfach Frau und Kind alleinlassen! Das ist doch unverantwortlich! Die Frau war hoffnungslos überfordert und hilflos! Sie brauchte Hilfe, konkrete, praktische Hilfe! In so einer Situation kann man doch keinem Menschen mit der Bibel kommen, schon gar nicht mit einem solchen Satz: 'Unser Glaube ist der Sieg, der die Welt überwunden hat.' Das wäre doch unmenschlich und zynisch.«

Er: »Das habe ich doch auch nicht getan. Du weißt genau, daß ich mir die Nacht und die nächsten Tage um die Ohren geschlagen habe, um mit ihr eine Lösung für sie und das Kind zu finden. Der Satz soll doch die Probleme und Ängste der Menschen nicht verdrängen. Er will sie auch nicht beschwichtigen oder vertrösten. Das nimmt mir doch heute kein Mensch ab, wenn ich ihm in so einer Situation ein Bibelwort um die Ohren schlagen würde. Natürlich geht es zuerst um praktische Hilfe. Das ist oft schon schwierig genug. Öfter, als mir lieb ist, habe ich das Gefühl, ich hätte den Menschen, die mit ihren Sorgen zu mir kommen, nicht genug geholfen, oder nicht wirklich. Manchmal komme ich mir vor wie ein Notarzt, der nur die erste Versorgung eines Patienten vornimmt, ihn aber nicht wirklich heilt.«

Sie: »Du mit deinem Helfersyndrom! Das ist doch schon etwas, was du mit deiner seelischen ersten Hilfe erreichst! Immerhin hast du es hingekriegt, daß sich die Diakonie um die junge Frau kümmert und die Schuldnerberatung prüft, wie die finanziellen Sorgen gemildert werden können. Und daß der Mann zu einem Gespräch bereit war. Ist das etwa nichts? Was willst du denn mehr?«

Er: »Ich möchte, daß Menschen spüren, daß man als Christ nicht besser, sorgloser lebt oder sich die großen und kleinen Sorgen des Alltags leichter lösen lassen. Ich lebe doch in dieser Welt und schlage mich mit den gleichen Problemen herum wie die Menschen um mich herum. Aber ich lasse mich nicht von ihnen gefangennehmen und auffressen. Für mich ist der Alltag nicht alles, und meine Sorgen haben nicht das letzte Wort über mein Leben. Ich lebe in dieser Welt, aber ich gehe nicht in ihr auf. Mein Glaube ist keine Gesundheitsgarantie, sondern eher eine Krankenversicherung: Er schützt mich nicht vor dem Krankwerden, aber er hilft mir, gesund zu werden und die Folgen der Krankheit so erträglich wie möglich zu halten ... (Denkt einen Moment schweigend nach.) Ach, dieses Bild ist schief. Du merkst, mir fällt wirklich kein treffender Vergleich ein, um diesen Satz so anschaulich zu machen, daß er nicht weltfern klingt.«

Sie: »Und wenn du einfach von unserem Gespräch erzählst ...?«

Lieder: Ins Wasser fällt ein Stein (EG 659)
Wenn das Brot, das wir teilen (EG 667)

Psalm: Ps 25, 8–15

Gebet: Gott,
wir leben in dieser Welt und leiden öfter an ihr,
als uns lieb ist.
Wir möchten etwas von Deiner befreienden Liebe
spüren und spürbar werden lassen.
Wir wirken längst nicht so erlöst,
wie unser Glaube an Jesus Christus es tun sollte.
Schenke uns immer wieder Deine geduldige Liebe,
damit wir in dieser Welt etwas von dem neuen
Leben erfahrbar werden lassen,
das wir bei Dir finden können.

Ulrich Kämmerer

18. SONNTAG NACH TRINITATIS

Dieses Gebot haben wir von ihm, daß, wer Gott liebt, daß der auch seinen Bruder liebt. (1. Johannes 4, 21)

Der Begriff Bruderliebe stößt mir bei diesem Bibelwort unangenehm auf. Die Schwestern sind natürlich mitgemeint, höre ich nun manche sagen. Aber, ob Bruder-, Schwestern- oder Geschwisterliebe gesagt wird, mein Unbehagen gilt nicht den Worten, sondern der Sache, die sie aussprechen. Bruderliebe, ich benutze jetzt einfach den Begriff, ist viel weniger als Nächstenliebe. Jesus hat allgemein und umfassend mit Worten aus 3. Mose gesagt: »Du sollst deinen Nächsten lieben wie dich selbst.« Zum Nächsten kann jeder Mensch werden, der Zuwendung und Unterstützung benötigt, nicht nur der Bruder oder die Schwester.

Der 1. Johannesbrief nimmt also nicht mehr die umfassende Formulierung Jesu von der Nächstenliebe auf. Die christlichen Gemeinden leben in einer feindlichen Umwelt. Sie rücken zusammen und entwickeln ein klares Bewußtsein ihrer Besonderheit. Die Liebe soll vorzüglich den Brüdern oder Schwestern in der Gemeinde gelten.

In Diasporasituationen hat dieser Gedanke bis in die Gegenwart eine große Rolle gespielt. In unserer Stadt entstand im vorigen Jahrhundert ein Diakoniewerk, das ausdrücklich für den Dienst an den »Glaubensgenossen« gegründet worden ist. Die evangelischen Christen sollten in ihrem eigenen Krankenhaus gepflegt werden. In eine ähnliche Richtung gehen heute Regelungen in vielen Kirchen, die besagen, bei der Anstellung von Mitarbeitenden zunächst die Angehörigen der eigenen Kirche zu berücksichtigen.

Verzichtet man darauf, den 1. Johannesbrief am allgemeineren Liebesgebot Jesu zu messen, so eröffnet er hilfreiche Blicke auf das Zusammenleben einer christlichen Gemeinschaft damals und heute. Fragen wir uns doch selbst, wie gehen wir miteinander um? Herrscht ein Geist der Freundlichkeit und des Miteinanders? Oder spielen sich bei uns die gleichen Prozesse ab wie in jeder anderen Gemeinschaft oder bei jedem anderen Arbeitgeber? Sind Hierarchien durchlässig? Ist Mitdenken gefragt? Wird zur kritischen Auseinandersetzung ermutigt? Oder werden am liebsten Gehorsam und Unterordnung gesehen? Wie werden Konflikte gelöst? Durch die berühmte Faust auf dem Tisch oder durch Gespräche? Sind die Worte der Bibel nur Worte nach außen oder haben sie auch unter uns gestaltende Kraft?

Der 1. Johannesbrief verbindet Bruderliebe und Gottesliebe miteinander. Der Glaube an Gott, und man muß wohl auch sagen der Unglaube, nehmen im Umgang mit anderen Personen Gestalt an. Die Beziehung zu Gott äußert sich in der Beziehung zum Bruder oder zur Schwester. Ist Gott der oberste Gerichtsherr, den es zu fürchten und dem es zu gehorchen gilt, so prägt dies den Umgang miteinander. Vermutlich wird er durch Verbote und Gebote geregelt sein. Erscheint aber Gott als der Ursprung der Liebe, so wird diese Liebe das Miteinander gestalten.

Wie sähe solche Liebe aus? Der Kern dieser Liebe ist die Achtung vor der anderen Person. Sie hat ein Recht, sie selbst zu sein. Ihre Meinung ist zu respektieren. Ihre Erfahrungen sind zu hören. Man muß nicht immer zustimmen. Man kann widersprechen. Man kann argumentieren. Aber die andere Person muß in ihrer Würde anerkennend bejaht sein. Und eben darin spiegelt sich die Liebe Gottes zu uns. Diese Liebe ist an keine Bedingungen auf unserer Seite geknüpft. Unsere guten und unsere dunklen Seiten stehen vor ihm und werden ausgehalten. Uns werden neue Erfahrungen und Bewegungen zugetraut. Wir werden nicht nur als die angesehen, die wir sind, sondern auch als die, die wir sein können. Das Auge der Liebe blickt über den Tag hinaus.

»Dies Gebot haben wir von ihm, daß, wer Gott liebt, daß der auch seinen Bruder liebt.« Ein altes Sprichwort sagt: »Liebe kann man nicht beschreiben, Liebe muß man praktisch treiben.« In der Tat, wenn Liebe nicht geübt wird, verkümmert sie. Die Fähigkeit, zu lieben, läßt nach. Liebe gehört zu den Quellen die wachsen, wenn sie benutzt werden, nicht nur zu Hause, nicht nur im Privatleben, sondern auch mitten im Leben der Gemeinde und an unserem Arbeitsplatz. Daran erinnert der Wochenspruch.

Amen.

Lieder: Brich mit den Hungrigen dein Brot (EG 420)
Liebe ist nicht nur ein Wort (EG 665)

Psalm: 1

Gebet: O Herr, mach mich zu einem
Werkzeug Deines Friedens,
daß ich Liebe übe, wo man sich haßt,
daß ich verzeihe, wo man sich beleidigt …
Amen. (Franziskanisch)

Christoph Berthold

ERNTEDANKFEST

Aller Augen warten auf dich, Herr, und du gibst ihnen ihre Speise zur rechten Zeit. (Psalm 145, 15)

Samstag ist Einkaufstag. Der Supermarkt hat schon um 7.30 Uhr geöffnet. Das größte Gedränge herrscht in der Obst- und Gemüseabteilung. Es gibt praktisch alles: Pfirsiche aus Griechenland, Blumenkohl aus Belgien, Tomaten aus Italien, Pilze aus Polen, Walnüsse aus Kalifornien. An Bananen aus Honduras und Ananas von den Philippinen haben wir uns schon gewöhnt. Doch auch die Äpfel kommen heute aus Südafrika und Argentinien, die Avocados aus Israel oder Marokko, die Schnittblumen aus Kolumbien oder Holland. Es gibt alles, nicht nur zur rechten Zeit, sondern jederzeit: spanische Erdbeeren im Winter, holländische Salatgurken im Frühjahr, neuseeländische Kiwis zu Weihnachten. Alles – das ganze Jahr über; alles – möglichst billig!

Doch um welchen Preis?

Nehmen wir einen Apfel, einen schönen glatten, roten Apfel, wie er im Supermarkt in Reih und Glied in der Kiste liegt. Er stammt nicht mehr von einem krummen alten Apfelbaum, wie sie auf den Obstbaumwiesen oder an Straßenrändern stehen. Er kommt von einer sogenannten »Niederstammanlage«: Tausende von kleinen genormten Apfelbäumchen, die maschinell gespritzt und abgeerntet werden. Bevor er jedoch geerntet wird, muß er erst eine Hormonbehandlung über sich ergehen lassen: ein Hormon gegen zu viele Langtriebe am Baum, ein Hormon zur gleichmäßigen Reifebeschleunigung, ein Hormon gegen zu frühen Abfall vom Baum. Zur Hormonbehandlung kommen 10–18 Spritzungen mit Pilzbekämpfungsmittel: Nachwinterspritzungen, Vorblütespritzungen, Blütespritzungen, Obstmadenspritzungen, Schorf- und Lagerspritzungen.

Wir können im Supermarkt alles kaufen, das ganze Jahr über.

Doch der Boden, der alles hervorbringt, das Wasser, ohne das es kein Leben gibt, die Tiere, unsere Mitgeschöpfe: Sie zahlen dafür einen hohen Preis. Äpfel und Bananen, Lachs und selbst die Blumen werden um den halben Erdball geflogen, damit wir sie zu jeder Zeit kaufen können. Selbst ein einfacher Joghurtbecher hat samt Inhalt mehr als 1000 km zurückgelegt, bis er bei uns auf dem Tisch landet. Und jede holländische Salatgurke benötigt für ihr Wachstum inzwischen 5 Liter Heizöl.

»Aller Augen warten auf dich, Herr, und du gibst ihnen ihre Speise zur rechten Zeit.« Dieser Vers aus dem 145. Psalm ist der Wochenspruch zum Erntedankfest. Für die Ernte des Jahres zu danken, für die Fruchtbarkeit des Bodens, für Regen und Schnee, Sonne und Wind – dies ist ein verbreitetes Bedürfnis, uralt und weltweit. Schon die alten Juden und die alten Römer feierten ihre Erntefeste. 1773 wurde das Erntedankfest offiziell in Preußen eingeführt. Seitdem feiern wir es an jedem ersten Sonntag nach dem Michaelistag.

Doch wem danken wir? Können wir für eine reiche Ernte danken, wenn diese auf der Zerstörung und Ausplünderung der Natur beruht? Ein solcher Dank wäre scheinheilig. Wem danken wir?

Daß wir zu essen haben, verdanken wir zunächst auch der Arbeit von Bäuerinnen und Bauern. Einmal im Jahr, am Erntedankfest, wird ihnen von offizieller Seite gedankt. Doch jedes Jahr werden 20.000 Höfe aufgegeben, werden 40.000 ökologisch wertvolle Arbeitsplätze wegrationalisiert. Warum? Weil die Bauern für ihre Erzeugnisse keine angemessenen Preise bekommen. Vor 40 Jahren mußte ein Arbeiter noch 46 Minuten arbeiten, um 10 Eier zu bezahlen – heute nur noch 8. Von einem Brot bleiben dem Bauern keine 5 Prozent. Wir essen lieber Äpfel aus Neuseeland als aus der eigenen Region, lieber Porree aus Frankreich als von nebenan. Alles – zu jeder Zeit, alles – möglichst billig.

Um welchen Preis? Während bei uns inzwischen 80 % des Getreides als Viehfutter verwandt wird, damit wir möglichst jeden Tag ein Stück Fleisch auf dem Tisch haben, fehlt das Getreide zur Behebung des schlimmsten Hungers in den Entwicklungsländern.

Würde der Fleischkonsum in den reichen Ländern um 10 Prozent gesenkt, dann könnte der Hunger in der ganzen Welt ausgerottet werden.

»Immer mehr« und »alles jederzeit« – wer bringt uns eigentlich bei, uns freiwillig selbst zu begrenzen?

»Aller Augen warten auf dich, Herr, und du gibst ihnen ihre Speise zur rechten Zeit.«

Es ist gut, daß es einen Wechsel gibt von Sommer und Winter, Frost und Hitze, Saat und Ernte. Es ist gut, daß wir das Wetter nicht machen können. Es ist auch gut, daß wir ohne saubere Luft, ohne reines Wasser, ohne das Grün der Pflanzen und ohne die Tätigkeit der Tiere nicht leben können. Wir mögen davon träumen, unabhängig zu sein und jederzeit alles zur Verfügung zu haben. Doch biblische Weisheit sagt: Wir sind Empfangende, solange wir leben. Täglich empfangen wir von Gott das Licht der Sonne, die Luft zum Atmen, die Blumen auf den Feldern, den Gesang der Vögel, die Nahrung zum Essen. Kein Geschöpf existiert aufgrund eigener Macht, nicht einmal der Mensch, auch wenn er es beständig denkt – und nun sogar anfängt, Leben zu klonen und sogar als Patent zu verkaufen. Doch diese Welt, sie ist nicht Material für unsere Zwecke, sondern Schöpfung Gottes, in der alles miteinander verbunden und in einem empfindlichen Gleichgewicht aufeinander abgestimmt ist: am Leben gehalten und geordnet durch den Atmen Gottes.

Wer weiß, daß alles, was er zum Leben braucht, aus Gottes Hand kommt, der geht anders damit um. Er wird nicht Tausende von Hühnern in winzigen Käfigen halten, nur um billige Eier und Unmengen von Hähnchen zu produzieren. Er wird auch nicht mit Giften den Garten bespritzen, weil das ungezählte andere Lebewesen, von den Käfern bis zu den Vögeln, mitsterben läßt.

Es geht hier auch um Politik, aber vor allem ums Glaubensbekenntnis. Wer in dem, was er täglich für sein Leben vorfindet, Gott am Werke sehen kann, der kann, der wird der ständigen Konsumsteigerung den Abschied geben. Weniger ist mehr – nicht nur beim Essen.

Amen.

Lieder: Ich singe dir mit Herz und Mund (EG 324, 1–7.13)
Wir pflügen, und wir streuen (EG 508)
Psalm: 145, 9–10. 13 b–21

Gebet: Gott, wir danken Dir für die Sonne und für den Mond, für die Luft und für das Wasser, für die Sterne und für die Erde, von der wir leben wie von einer Mutter. Gott, wir bitten Dich für die Tiere und für die Pflanzen, für die Bäume und für den Acker, daß wir aufhören, sie zu quälen und zu vergiften. Lehre uns, Frieden zu schließen mit der Natur, für uns, für unsere Mitgeschöpfe, für unsere Kinder.
Amen.

Hans-Martin Lübking

19. SONNTAG NACH TRINITATIS

Heile du mich, Herr, so werde ich heil; hilf du mir, so ist mir geholfen. (Jeremia 17,14)

An Krankenbetten war mir oft dieses Wort besonders wichtig. Vor allem in Situationen, wo der kranke Mensch mit mir über seine Lage nachgedacht hat, über das Urteil der Ärzte und über seine eigenen Erfahrungen mit seinem Zustand, über seine Schmerzen und über wichtige Lichtpunkte, über seine Todesangst und über seine Lebenschancen, über seine Beziehungen zu den geliebten Menschen und über den Trennungsschmerz von beiden Seiten. Da bleiben oft unlösbare Widersprüche in den Gedanken und – schwieriger noch! – in den Gefühlen. »Ich will leben«, ist der eine Wunsch. »Ich will mich und meine Angehörigen nicht endlos quälen«, der andere. Und das alles wechselt zwischen Resignation und Auflehnung und Zustimmung. Ausgehaltene Ratlosigkeit hilft da weiter als unannehmbarer Rat. Die Rätsel Gott gemeinsam vorhalten, ermutigt mehr als alle eigenen Vorhaltungen.

Allerdings, der Prophet Jeremia betet nicht am Krankenbett. Bei ihm hat der Stoßseufzer einen ganz andern Ort. Er betet sozusagen am Krankenbett seines Volkes, wo er einerseits dazugehört und andrerseits doch der einsame Rufer Gottes ist, den keiner hören will. Er predigt Gottes Gericht und leidet selber darunter. Und die andern, die ihn nicht hören wollen, lassen ihn noch einmal leiden. Diese Art des prophetischen und politischen Gebetes ist uns weitestgehend fremd. An den Stammtischen wird laut und derb politisch geredet. Die Spur des Politischen Nachtgebetes ist eher schmal und leise in unseren deutschen Gemeinden. Sogar im Osten, wo es in den evangelischen Kirchen dramatisch wichtige Orte des politischen Gebetes gegeben hat, ist die Spur schon sehr verwischt. Bei uns wird Politik allem Anschein nach weniger vor Gott, viel mehr vor dem nächsten Wahltag gemacht.

Zum Glück ist das nicht die ganze Wahrheit. »Für eine Zukunft in Solidarität und Gerechtigkeit« treten in Deutschland die Evangelische Kirche und die Katholische Kirche gemeinsam ein, und die öffentliche Diskussion zeigt, daß in den angesprochenen Fragen große Unruhe herrscht und viele den Mangel an Solidarität und Gerechtigkeit spüren. Aber »Spüren« ist wohl zu wenig, und Bedauern hilft nicht weiter. Als die christliche Kirche ganz jung war, hat sie mit ihrem sozialen Ausgleich, mit ihrer Solidarität und Gerechtigkeit verblüffte Zeitgenossen ausrufen lassen: »Seht, wie haben sie sich untereinander so lieb!« Diese soziale und politische Sprengkraft hat Gottes Gerechtigkeit – und die darf in der Kirche nicht spurlos bleiben. Die Spuren werden um so deutlicher, je mehr wir selber am Unrecht leiden und uns zum Handeln drängen lassen, in der Kirche zuerst, aber auch in der Gesellschaft.

Dabei gibt es eine Fülle von sozialen und politischen Lebenszeichen in unseren Gemeinden: Ehe- und Lebensberatung, Arbeit in sozialen Brennpunkten, Hilfen für Flüchtlinge, für Suchtkranke, BROT FÜR DIE WELT und Brot für Obdachlose, Spenden für Kinder und Kranke und Katastrophenopfer. Das ganz alltägliche Gemeindeleben ist ein kostbares Lebenszeichen in unserer Gesellschaft, das wir und andere oft viel zu gering achten und zu wenig hegen und pflegen und hoffnungsvoll in den Blick rücken. Jeremia ruft uns dazu auf, daß wir die Zeichen der Zeit erkennen und dem Unheil standhalten. Jeremia ruft uns dazu auf, daß wir Gottes Zeichen erkennen und bei ihm lernen, wie Heil und Hilfe heute und morgen aussehen können – und diesen Zeichen gemeinsam folgen und ihnen im eigenen Leben Gestalt geben.

Amen.

Lieder: Es kennt der Herr die Seinen (EG 358)
Gib Frieden, Herr, gib Frieden (EG 430)

Psalm: 32, 1–5.10–11

Gebet: Gott, wir wissen oft nicht, was wirklich hilft und wirklich heilt. Hilf Du uns, daß wir mit Dir und miteinander ehrlich darüber reden, ohne Angst und ohne Besserwisserei. Gib, daß an den Stammtischen und Kaffeetafeln, an denen wir sitzen, nicht nur Parolen und Klatsch verhandelt werden, sondern hörbar und erfahrbar wird, was hilft und heilt.
Amen.

Gerd Lautner

20. SONNTAG NACH TRINITATIS

Es ist dir gesagt, Mensch, was gut ist und was der Herr von dir fordert, nämlich Gottes Wort halten und Liebe üben und demütig sein vor deinem Gott. (Micha 6,8)

Versuchen Sie einmal, um ein Dreieck einen Kreis zu zeichnen. Das geht eigentlich ganz einfach. Sie verbinden mit ein wenig Schwung aus dem Handgelenk die drei Eckpunkte miteinander. Sie kennen das. Ein richtiger Kreis ist das noch nicht, aber Sie können ihn ja verbessern. Sie malen immer mehr Dreiecke hinein, und die Eckpunkte rücken immer näher zusammen. Innen im Kreis sind die Linien der einzelnen Dreiecke zu einer Fülle fast unentwirrbarer Striche geworden. Wenn Sie versuchen, die zueinandergehörigen Eckpunkte anhand der Linien, die ja da sind, von eins über zwei nach drei zu verfolgen, werden Sie es nicht ganz leicht haben. Die klare äußere Kreislinie, die ich gewinne, bezahle ich mit einem Gewirr von Innenlinien.

Das ist mit allen Anordnungen, Gesetzen und Regeln nicht anders. Wenige und klare bleiben eckig und kantig, aber sie sind übersichtlich. Ich kann sie verfeinern, vervielfältigen und spezialisieren; sie werden viel mehr erfassen, hierfür geeignet sein und für jenes auch noch, aber sie werden unübersichtlich werden als Ganzes.

Was ist mir lieber oder Ihnen? Ein ausgefeiltes Regelwerk, das ich in einzelnen Teilen anwenden kann, aber nicht mehr überschaue, oder wenige Eckpfeiler mit manchem Offengelassenen dazwischen. Die Frage ist nicht rhetorisch gemeint, beide Antworten sind möglich. Ohnehin werden Sie sich meist für eine Mischvariante entscheiden: ein paar Dreiecke mehr, aber nicht zu viele, wenige Eckpfeiler, aber ein paar Verstrebungen dazwischen.

In der rechtlichen Gestaltung unseres gesellschaftlichen und wirtschaftlichen Lebens haben wir uns für die Regelwerke entschieden und machen damit so unsere Erfahrungen.

Der Prophet Micha entscheidet sich anders. Er wählt die Eckpfeiler und tut das so konsequent in der Reduktion wie anspruchsvoll in dem, was er zumutet.

Mit Klarheit fängt es an: »Es ist dir gesagt, Mensch, was gut ist«, und es bleibt klar mit dem Dreischritt von Gottes Wort halten, Liebe üben, demütig sein vor deinem Gott.

Oder ist es nur scheinbar klar, weil Micha sich auf drei Begriffe beschränkt? Steckt Gottes Gegenspieler da nicht voll im Detail, wenn ich nur anfange zu fragen nach Gottes Wort im einzelnen, wie denn und mit welchen Ohren gehört, Liebe üben, wem alles gegenüber und bis wohin, bitte?

Micha ist nicht nur klar, er ist auch anspruchsvoll und durchaus mühsam. Nimm wahr, was um dich herum los ist, wo du gefordert bist und du dich entscheiden mußt, dann prüfe es und handle danach. Gottes Wort ist, was dir dient, Liebe ist, was dem Nächsten dient, Demut ist dein Dienst an Gott. Setze mit der einen Frage ein und prüfe sie an den beiden anderen. Wo du beginnst, ist gleich.

»Es ist dir gesagt, Mensch, was gut ist«.

Amen.

Lieder: Wohl denen, die da wandeln (EG 295, 1.4)
All Morgen ist ganz frisch und neu (EG 440, 1–4)

Psalm: 121

Gebet: Herr, ich werde manchmal müde
unter der Last der Freiheit,
zu leben, gut,
zu entscheiden, richtig,
zu sehen, deutlich.
Manchmal geht es ja, und ich merke es
und bin froh,
und dann wieder ...
Aber dies kann ich,
Dich zu bitten,
Dein Wort sei meines Fußes Leuchte
und ein Licht auf meinem Wege.
Amen.

Detlef Reichert

21. SONNTAG NACH TRINITATIS

Laß dich nicht vom Bösen überwinden, sondern überwinde das Böse mit Gutem. (Römer 12,21)

Ein alter Markierungsstein gibt Zeugnis davon: Dieser Weg verbindet Kassel mit Fulda. Heute, da die stetig wachsende Zahl an PKWs und LKWs spielend eine 3-spurige Autobahn füllt, ist es ein Radweg, auf dem man bequem von Mecklar nach Friedlos gelangt.

Der Radweg wird von vielen benutzt: Bauern, die ihre angrenzenden Felder bearbeiten, Eltern, die mit ihren Kleinsten den Sonntag spazierend verbringen, »Promis«, die, von der Polizei unbemerkt, nach Hause gelangen. Wenn die Fulda Hochwasser führt, ist ein Großteil landunter.

Jeden Ostermorgen versammelt sich hier – nahe bei dem Markierungsstein – eine kleine buntgemischte Schar Mecklarer Kirchgänger. Im Anschluß an die Osternachtsfeier samt gemeinsamen Frühstücks führt sie der Weg direkt hierher. Voran die Jugendlichen. Sie sollen demnächst konfirmiert werden. Nach altem Brauch Anlaß für sie, einen Baum zu pflanzen.

Er soll einen festen Stand haben, mit den Wurzeln tief ins Erdreich dringen und dicht am Wasser sich dem Himmel entgegenstrecken: »Der ist wie ein Baum, gepflanzt an den Wasserbächen, der seine Frucht bringt zu seiner Zeit, und seine Blätter verwelken nicht. Und was er macht, das gerät wohl.« (Psalm 1,3). So wünschen es sich die Eltern ganz selbstverständlich für ihre Kinder, deren Namen, eingraviert in einer Metallplatte an einem zusätzlichen Holz befestigt, für immer diesen als *ihren* Baum kennzeichnen.

Eines Tages dann die Schreckensnachricht: Zurückgekehrt von der Arbeit auf seinem Feld berichtet ein Bauer von der Verwüstung. Ein Großteil der Bäume ist für immer zerstört worden. Die Krone der noch jungen Bäumchen ist ca. achtzig Zentimeter über dem Erdboden abgeschnitten, abgebrochen, abgerissen worden.

Die Dorfbevölkerung ist irritiert. Wer kann das gewesen sein? Warum? Was können diese Bäume dem oder den Übeltätern angetan haben? Das können nur Nichtsnutze gewesen sein. Wer so etwas tut, der bringt auch kleine Kinder um.

Die Suche nach den Übeltätern beginnt. Im Dorf ist man sich einig: Die Schuldigen müssen gefaßt und entsprechend hoch bestraft werden. Schließlich waren es keine gewöhnlichen Bäume, die sie zerstört haben. Ihre Kinder hatten sie doch anläßlich der Konfirmation gepflanzt. Es waren die Bäume ihrer Kinder, die wachsen und gedeihen sollten.

In den Nachbardörfern breitet sich die Nachricht von dieser unsinnigen Tat schnell aus. Die Erwachsenen solidarisieren sich mit den Betroffenen. Als Täter kommen nur Jugendliche in Frage. Jugendliche, die mit Mecklarer Jugendlichen noch *eine Rechnung* offen hatten. Der Verdacht bestätigt sich, als von nächtlichen *Partypeople* die Rede ist, die in der besagten Nacht gesehen wurden.

Der Rest erledigt sich rasch. Besagte *Partypeople* werden identifiziert und zur Rede gestellt. Sie sind geständig und bereit, neue Bäume zu besorgen und zu pflanzen – als Wiedergutmachung. Was für viele hinter der erwarteten Strafe zurückbleibt.

Die Täter sind Jugendliche im Alter von 15 bis 17 Jahren. Eigentlich gibt es nichts, das sie von anderen Jugendlichen ihren Alters unterscheidet. Möglich auch, daß sie – wie all die anderen – konfirmiert worden sind. Sicher aber wird sie der Wunsch ihrer Eltern begleitet haben, daß sie einen festen Stand haben mögen und sich weit dem Himmel entgegenstrecken werden, dem Gerechten gleich.

In einem Land, in dem Wasser kostbarer noch ist als Gold, weil zum Leben nötig und dabei doch so wenig nur vorhanden, wußte der Psalmdichter um die Schwierigkeit, gerecht zu sein. Und davon, daß es eine besondere Gabe Gottes ist. Das Rühmen eigener Gerechtigkeit und das Fordern von entsprechend hoher Bestrafung für *Gottlose* kann einem aufgrund dieser Erkenntnis schon mal im Halse stecken bleiben.

Amen.

Lieder: Das sollt ihr, Jesu Jünger (EG 221)
Der Himmel geht über allen auf (EG 594)
Psalm: 103,1–13

Gebet: Gnädiger Gott,
zu leicht vergesse ich,
mein Leben ist Geschenk von Dir –
Tag für Tag.
Meine Schuld, mein Versagen hältst Du mir
nicht vor.
Heilst, was durch mich Schaden genommen hat.
Ich will Dir danken
und lernen zu verzeihen.
Amen.

Günter Törner

22. SONNTAG NACH TRINITATIS

Bei dir ist die Vergebung, daß man dich fürchte.
(Psalm 130,4)

Nur einen Moment hatte sie mal nicht aufgepaßt – und schon war es passiert: Ein dicker Tintenklecks breitete sich in Annes Schulheft aus. So ein Ärger! Dabei hatte sie so gute Vorsätze: Im neuen Schuljahr wollte sie etwas mehr aufpassen und mitmachen im Unterricht. Besonders bei den Hausaufgaben wollte Anne sich viel mehr Mühe geben. Als das neue Schuljahr anfing, hatte sie auch richtig Lust dazu. In Annes Heft ist das gut zu erkennen: Die ersten Seiten sind mit ganz sorgfältiger und gleichmäßiger Handschrift gefüllt. Na, ein paar Seiten weiter hatte sie wohl schon wieder etwas weniger Zeit und Lust: Die Schrift sieht da richtig krakelig aus.

Durchgestrichenes, Gelöschtes und Übermaltes häufen sich. Aber jetzt diese letzte Seite, die ärgert Anne doch besonders. Zu allem anderen ist ihr da nämlich noch der Füller draufgefallen: Das ganze Blatt ist übersät mit großen und kleinen Tintenklecksen.

Und jetzt? Jetzt kann sie die Hoffnung wohl ganz aufgeben, ihre guten Vorsätze jemals einhalten zu können. – Aber irgendwie muß es doch gehen. Fragt sich bloß: wie?

Anne versucht es mit Löschen. Und mit Radieren. Diese häßlichen Flecken müssen doch wegzukriegen sein. Vielleicht, wenn sie es noch etwas fester versucht …? Aber das geht nicht, da bekommt das Heft Löcher. Und wie wäre es, die Seite ganz einfach herauszureißen? »Aus den Augen, aus dem Sinn« – so sagt man doch. Aber nein, das geht gar nicht: Das ganze Heft würde dadurch wackelig. Andere, wichtige Seiten könnten dadurch verlorengehen.

Das Mißgeschick läßt sich nicht rückgängig machen. Also was tun?

Anne atmet einmal tief durch und dann, dann blättert sie die häßliche Seite einfach um. Wie neu liegt das Heft jetzt vor ihr, und sie fängt wieder an – mit allen guten Vorsätzen und mit der Hoffnung, daß es ihr diesmal gelingen wird, sie einzuhalten.

Man lernt nicht für die Schule, sondern für das Leben, heißt es. Ob Anne aus ihrem verkleckstem Schulheft auch was für's Leben lernen kann? Nämlich, daß es in ihrem Leben auch »Flecken« geben wird, die sich nicht wegradieren lassen? Vielleicht wird sie einmal andere Menschen verletzen durch unüberlegte Worte. Vielleicht wird sie Schuld auf sich laden, weil sie jemandem nicht geholfen hat. Oder sie macht etwas falsch, weil sie es *zu* gut gemeint hat.

Auch in Annes Leben wird es Fehler geben, die *sie* nicht ungeschehen machen kann. Kann sein, daß Anne aus ihrem verkleckstem Schulheft *das* für's Leben lernen kann.

Vielleicht kann sie aber aus der Art, wie sie damit umgegangen ist, noch etwas Lebenswichtiges lernen: das dankbare Staunen, daß sie immer die Chance hat, neu anzufangen. Denn Gott selber ist es, der ihr hilft, auch im Leben eine neue Seite aufzuschlagen.

Amen.

Lieder: Ich lobe meinen Gott, der aus der Tiefe ... (EG 673)
Ich möcht, daß einer mit mir geht (EG 209)

Psalm: 139; in der Übertragung von Jörg Martin Meier (EG 949)

Gebet: Gott, wir wären gern die mit der weißen Weste.
Die, denen man nichts nachsagen kann,
die sich nichts vorzuwerfen haben,
die sich die Hände nicht schmutzig gemacht haben.
Aber solche Menschen sind wir nicht.
Und so stehen wir da und waschen unsere Hände
so lange in Unschuld, bis die Haut dünn wird und
die zitternden Nerven sichtbar werden.
Du siehst nicht weg bei unseren verzweifelten Versuchen, besser zu sein als wir sind.
Das beschämt uns.
Du bist mitleidig und bleibst in unserer Nähe.
Das hilft uns, ehrlich zu sein vor uns selbst und vor
Dir. Mit Staunen und Ehrfurcht erleben wir, daß
Du uns nicht aufgibst. Danke für jede neue Chance.
Amen.

Andrea Seils

23. SONNTAG NACH TRINITATIS

Dem König aller Könige und Herrn aller Herren, der allein Unsterblichkeit hat, dem sei Ehre und ewige Macht.
(1. Timotheus 6, 15.16)

Wie der Bundespräsident, so ist Gott für manche Menschen. Der Bundespräsident nämlich hat das höchste Amt in unserem Staate inne. Er repräsentiert unseren Staat. Er redet bei allerlei feierlichen Gelegenheiten, bei fröhlichen und bei traurigen Anlässen. Sein Bild hängt in vielen Amtsstuben. Er ist allseits geachtet, weil er über den Parteien steht. Und er residiert in einer prächtigen Villa.

Ein glänzendes Amt, machtpolitisch jedoch nicht besonders bedeutungsvoll. In der Tagespolitik nämlich hat der Bundespräsident kaum etwas zu sagen, geschweige denn zu bestimmen. Aus den Niederungen der Tagespolitik soll er sich ja gerade heraushalten, in die Auseinandersetzung der Parteien soll er gerade nicht verwickelt sein. Seine Aufgabe ist eine andere. Der Bundespräsident repräsentiert, aber er regiert nicht. Regieren tut ein anderer, nämlich der Bundeskanzler; er bestimmt die Richtlinien von Innen- und Außenpolitik. Es steht nicht in der Macht des Bundespräsidenten, die Tagespolitik mitzugestalten. Der allgemeine moralische Appell ist ihm gestattet, ja wird geradezu von ihm erwartet, wirkliche und direkte politische Einflußnahme aber ist ihm nicht gestattet.

So ähnlich also stellen sich manche Menschen Gott vor. Gott ist für sie das höchste Wesen, das in einer Art himmlischer Villa residiert. Er ist der Wichtigste in unserer Religion. Er kommt durch Vorlesen und Auslegung der Bibel bei mancherlei festlichen Anlässen zu Wort. Er redet dabei den Menschen moralisch ins Gewissen. Auf ihn weisen Kreuzesdarstellungen in Häusern und Kirchen oder als Schmuckstücke hin. Er ist das einigende Symbol über allen konfessionellen Gegensätzen.

Aber: In die Lebenspolitik soll Gott nicht hineinreden. Die Richtlinien der Innen- und Außenpolitik eines Menschenlebens soll er nicht bestimmen. Die wichtigen Entscheidungen des Alltags werden ohne ihn getroffen. Gott mag in unserem Leben repräsentieren, wir aber regieren.

Einen solchen harmlosen und bequemen Gott hätten wir wohl gerne. Aber Gott ist weder harmlos noch bequem. Gott ist nicht in der Ferne des Himmels geblieben. Der Himmel ist ja viel zu klein, als daß er Gott fassen könnte. Darum läßt Gott sich nicht abschieben in den Himmel, auf daß wir auf Erden freie Bahn hätten. Gott wurde in Jesus Christus Mensch. Und durch diesen Jesus Christus sagt Gott uns: Ich, Gott, will nicht nur repräsentieren, ich will auch regieren. Ich will die Richtlinien eurer Lebenspolitik bestimmen. Ich will die Leitlinie sein für die Innen- und Außenpolitik eures Privatlebens, eures Berufslebens, eures Gemeinschaftslebens, eures Kirchenlebens. Ich, Gott, will regieren!

Gott erhebt damit einen umfassenden lebenspolitischen Regierungsanspruch. Gott nämlich ist ein Gott für den Alltag und im Alltag, nicht nur für den Sonntag und am Sonntag. Immer dann, wenn Menschen sich diesem Anspruch Gottes gestellt haben, mußten und durften sie erfahren, daß Gott nicht harmlos und bequem ist, sondern unbequem und kraftvoll. Das forderte Menschen immer wieder zu einem deutlichen Bekenntnis heraus, und darum ist auch in unmittelbarem Zusammenhang mit unserem Wochenspruch vom Bekenntnis die Rede und vom Kampf des Glaubens.

1934 haben Christen die wegweisende Barmer Theologische Erklärung verabschiedet. In ihrer 2. These wird ausdrücklich »Gottes kräftiger Anspruch auf unser ganzes Leben« bekannt. Und dann heißt es: »Wir verwerfen die falsche Lehre, als gebe es Bereiche unseres Lebens, in denen wir nicht Jesus Christus, sondern anderen Herren zu eigen wären.« Verworfen wird damit die falsche Lehre, Gott solle nur repräsentieren, nicht aber regieren.

Gott macht es uns damit nicht einfach. Der Vorstellung von einer Eigengesetzlichkeit der Welt widerspricht er damit energisch. Aber zugleich nimmt Gott uns damit sehr ernst. Er traut uns nämlich zu, daß wir uns an seinem Regieren beteiligen. Gott traut uns zu, daß wir seine Richtlinien in unserem Lebensalltag und in unserem Berufsalltag umsetzen. Gott traut uns zu, daß wir unser Leben und unsere Welt nach seinen Richtlinien eigenverantwortlich mitgestalten. In den Worten und in den Taten Jesu Christi hat er uns gezeigt, wie diese seine Richtlinien aussehen.

Gott will nicht nur repräsentieren, sondern auch regieren. Aber Gott will nicht an uns vorbei regieren, sondern Gott will durch uns und mit uns regieren. Gott will nicht über unsere Köpfe hinweg regieren, sondern durch unser Herz, unseren Mund, unsere Hände.

Amen.

Lieder: Jesus Christus herrscht als König (EG 123)
Laß uns den Weg der Gerechtigkeit gehn (EG 675)

Psalm: 47

Gebet: Gott, Herr aller Herren, eigentlich ist das für uns unbegreiflich, daß Du nicht in Deinem Himmel geblieben, sondern auf unsere Erde gekommen bist. Eigentlich ist das unglaublich, daß Du selbst uns in den Worten und Taten des Jesus von Nazaret begegnest. Wir bitten Dich, laß uns dies im Glauben begreifen. Gib uns Mut und Kraft, uns Deinem kräftigen Anspruch auf unser ganzes Leben zu stellen. Gib uns die Verwegenheit des Glaubens, die Gestaltung unseres Lebens an Deinen Richtlinien auszurichten.
Amen.

Werner M. Ruschke

REFORMATIONSTAG

Einen anderen Grund kann niemand legen als den, der gelegt ist, welcher ist Jesus Christus. (1. Korinther 3,11)

Er hat ein Baugeschäft in einem kleinen Dorf mit ca. 2000 Einwohnern, von seinem Vater übernommen und ausgebaut. Er gehört mit zu den größeren Arbeitgebern: 20 Mitarbeiter beschäftigt er, und fast alle wohnen im Dorf. Hin und wieder besuche ich ihn. Wir diskutieren dann über Kommunalpolitik und Kirche. Ich erzähle ihm, daß ich für ein Andachtsbuch einen Text zu bearbeiten habe, in dem Bilder aus der Baubranche vorkommen. Es gehe um die Frage nach dem soliden Fundament, dem sachkundigen Baumeister und dem Bau selbst. Mich würde interessieren, welche Gedanken und Empfindungen ein solcher Text bei ihm auslöse. Ich zitiere zunächst nur einen Teil von Vers 11: »Einen anderen Grund kann niemand legen als den, der gelegt ist.«

Seine Reaktion: Das sei ja sicher eine theologische Aussage über das Leben im allgemeinen. Und von diesen Dingen verstünde ich ja mehr als er. Aber wenn er diesen Text vor dem Hintergrund seines konkreten Berufsalltags höre, dann habe er doch erhebliche Schwierigkeiten. Denn er sei es doch schließlich, der die Fundamente der Häuser legt. Er sei es doch schließlich, der dafür verantwortlich ist, daß auf diesen Fundamenten gebaut werden kann. Das könne ihm doch keiner abnehmen, und das habe ihm bis heute auch keiner abgenommen.

Und dann geht er zum freundschaftlichen Angriff über: Ob mir denn diese seine Reaktion genüge? Das könne es doch wohl nicht sein. Denn ich hätte doch einen Anspruch als Theologe, daß die Texte der Bibel nicht nur sonntags gelten, sondern mit den konkreten Alltagserfahrungen der Menschen zu tun haben …

Ich erzähle ihm von dem Zusammenhang und dem geschichtlichen Hintergrund. Es habe damals in der Gemeinde von Korinth verschiedene Gruppen gegeben, die sich an bestimmten Persönlichkeiten orientiert hätten. Man könne sie fast mit religiösen Parteien und entsprechenden Parteivorsitzenden vergleichen. Wie heute bei den Sekten, meint er. Jedenfalls bei denen, die auf bestimmte Führerpersönlichkeiten konzentriert sind, schränke ich etwas ein. Aber jedenfalls hätten diese Persönlichkeiten eine herausragende Stellung, heute wie damals, und machten Menschen von sich abhängig, indem sie sich als Grundlage, als Basis, als Fundament anbieten. Genau dagegen richte sich der zitierte Vers. Menschen können anderen Menschen kein Lebensfundament bieten. Die Grundlage für menschliches Leben ist bereits gelegt – nach der Überzeugung des christlichen Glaubens in einer Person – in Jesus Christus.

Er zögert einen Augenblick und meint dann, das mit den Sekten und ihren Führern würde ihm sehr einleuchten. Aber er habe sich gerade gefragt, welche Rolle er denn als Arbeitgeber spiele. 20 Arbeitsplätze – das bedeute doch 20 mal Lebensgrundlage, jedenfalls im wirtschaftlichen Sinn. Und natürlich bedeute es für seine Beschäftigten auch ein Stück Abhängigkeit. Und dann wird seine Stimme leiser: Abhängigkeit von meinem Geschick, Aufträge hereinzuholen, mit konjunkturellen Entwicklungen umzugehen, auf Strukturkrisen zu reagieren... Das alles setze einem ganz schön zu, meint er. Manchmal könne er nachts nicht schlafen, manchmal habe er einfach keine Kraft mehr, manchmal möchte er die Brocken hinschmeißen und nur noch an sich selber denken. – Aber wer will das schon hören und mittragen? fragt er.

Ja, wer? Es ist die Frage nach den Menschen, die mir nahe sind und mich verstehen. Es ist die Frage nach den Menschen, die nicht hämisch über meine Schwächen lachen, weil sie um ihre eigene Schwäche wissen. Es ist die Frage nach dem Ort, wo Solidarität und Liebe erfahrbar werden.

Die Liebe ist der Grund, der gelegt ist. Er trägt Menschen in ihren Enttäuschungen und Schwächen. Er befreit sie von der Last, selbst Fundament sein zu müssen. Er gibt ihnen die Kraft, die sie zum Weiterbauen brauchen.

Amen.

Lieder: Ist Gott für mich, so trete (EG 351)
Ich habe nun den Grund gefunden (EG 354)
Psalm: 46, 2–8

Gebet: Gott, ich höre täglich viele Angebote, die mir Sicherheit für mein Leben versprechen – aus der Werbung, der Wirtschaft, der Versicherungsbranche, der Politik. Stärke in mir das Vertrauen in den Grund, den Du gelegt hast. Stärke in mir das Vertrauen in die Sicherheit der Liebe.
Amen.

Heinz-Georg Ackermeier

24. SONNTAG NACH TRINITATIS

Mit Freuden sagt Dank dem Vater, der euch tüchtig gemacht hat zu dem Erbteil der Heiligen im Licht.
(Kolosser 1,12)

»Sagt Dank!« Das hört sich nach altbackener Erziehung an. »Sag auch schön danke!« Das bekommen Kinder zugerufen, wenn der Besucher ihnen eine Tafel Schokolade oder eine Packung Maoam überreicht. Besser wäre es, wenn diese Besucher die Mitbringerei bleibenließen. Denn meistens haben unsere Kinder zuviel an Süßigkeiten, zuviel an Spielzeug, fast alles im Überfluß. Deswegen kommt ihnen der Dank schwer von den Lippen. Was soll das Mitbringsel, wenn man bereits haufenweise die Schubladen voll von eßbarem und nicht eßbarem Zeug hat?

Wollen die Worte dieses Wochenspruchs uns deswegen zum Dank anhalten, weil wir höflich entgegennehmen sollen, was wir eigentlich gar nicht brauchen? Um welches Geschenk es hier geht, wird in einer anderen Übersetzung deutlicher: »Und sagt dem Vater mit Freuden Dank dafür, daß er euch bevollmächtigt hat, an dem Erbe der Heiligen im Licht Anteil zu haben.« Also um eine Erbschaft geht es, um den rechtmäßigen Anspruch auf die Teilhabe an Gottes neuer Welt.

Die Rede vom »Erbe« ist ein uraltes Wort für das, was man im Glauben haben kann. Die alten Israeliten bekannten, daß ihnen Gott das Land zugeteilt hatte, auf dem sie die rechtmäßigen Besitzer waren. Dieses Land war ihr »Erbe«. Auf diesem Erbe stand das Haus oder die Hütte der israelitischen Familie. Dieses Land beackerten sie. Es deckte den Lebensunterhalt. Es war das Zuhause. Die Christen, die von Anfang an über viele Länder verstreut waren, fragten neu: Was ist unser Zuhause, in dem wir aufgrund unseres Glaubens Besitz- und Erbrecht haben? Der Kolosserbrief antwortet: Es ist »das Reich des Sohnes« (Vers 13) oder auch: das Reich »des Lichtes«. Ein solches Erbe ist nicht mit Händen zu greifen und nicht mit Steinen zu bebauen. Können wir dafür »danke« sagen?

Erbe-Sein ist eine Sache des Rechtes. Rechtliche Tatbestände sind nicht immer anschaulich, sie können aber weitreichende und spürbare Folgen haben. Wenn in einer Versammlung abgestimmt wird, dürfen mitunter nur die die Hand heben, die das Stimmrecht haben. Alle Menschen sind in demselben Raum, aufgrund der Mitgliedersatzung haben sie aber verschiedene Rechte.

Ich versuche mich der Vorstellung vom Erbrecht im Reiche Gottes weiter anzunähern. Da fällt mir die Geschichte von einem Mädchen ein, das in einem Kinderheim lebt. Alle anderen Kinder werden sonntags von Gasteltern abgeholt, nur Britta nicht. Nach langem Suchen werden für sie endlich Wochenend-Eltern gefunden. Aber der erste Besuch mißlingt total. Britta fühlt sich noch fremd und wagt nicht zu sagen, daß ihr der gesüßte Tee, den man ihr einschenkt, nicht bekommt. Sie muß sich übergeben und verunreinigt Sitzpolster und Teppich. Nach diesem Besuch fürchtet sie, daß sie nie mehr eingeladen wird. Aber dennoch holt die Gastmutter Britta am nächsten Sonntag wieder ab, und Britta findet zu ihr und ihrem Partner ein freundschaftliches Verhältnis. Eines Sonntags aber bleiben die Gasteltern aus, und Britta muß den Tag allein im Heim verbringen. Traurig und verlassen denkt sie: Mich will eben niemand haben. Am nächsten Tag tauchen die Gasteltern plötzlich auf. Im Gespräch mit der Heimleiterin kommt heraus: Sie haben den ganzen Sonntag gebraucht, um ihre Beziehung zu Britta zu überdenken. Sie sind zu dem Schluß gekommen, daß sie Britta adoptieren wollen. Britta ist so voller Freude, daß sie kein Wort herausbekommt. Noch ist sie im alten Heim. Aber von jetzt an verändert sich alles, denn sie hat richtige Eltern. Sie weiß, wo ihr Zuhause ist. Auf einmal kann sie schwierigen Heimgenossen, mit denen sie sich vorher immer nur gezankt hat, geduldig begegnen.

Diese Geschichte bringt mir die Worte nahe: »Ihr habt euer Erbe bei den Heiligen.« Gott hat euch zu seinen Kindern gemacht. Wenn ihr auch Ablehnung und verweigerte Anerkennung erlebt, erinnert euch: Ihr habt ein Hausrecht im Reiche des Lichtes.

Amen.

Lieder: Christus ist König, jubelt laut! (EG 269, 1–5)
Ich bin getauft auf deinen Namen (EG 200, 1–4)

Psalm: 16

Gebet: Gott, unser Vater!
Du hast uns zu Deinen Kindern gemacht, zu Erben an Deinem Vermögen. Oft ist uns nicht bewußt, wie reich wir sind. Wir fühlen uns arm und ohnmächtig gegenüber denen, die Macht und Einfluß haben. Wir möchten Gebrauch machen von unseren Rechten in Deinem Reich. Wir wollen die Welt in Deinem Licht sehen und darauf vertrauen, daß die Liebe, die wir erleben und die wir austeilen, wirksam ist. Mach uns stark dazu.
Amen.

Heinrich Halverscheid

DRITTLETZTER SONNTAG IM KIRCHENJAHR

Siehe, jetzt ist die Zeit der Gnade, siehe, jetzt ist der Tag des Heils. (2. Korinther 6,2)

Krisenzeiten sind Hoch-Zeiten für Heilsbringer. Je mehr Menschen es schlecht geht, um so besser für jene, die ihnen das Blaue vom Himmel versprechen. Je unsicherer und ungewisser die Zeiten, um so sicherer, daß viele auftreten, die wissen, wo es langgeht, und sagen, was gedacht und geglaubt werden soll. Je undeutlicher ist, welche Werte und Regeln unter den Menschen noch gelten, desto größer die Sehnsucht nach Personen, die deutlich sagen, was zu tun und zu lassen ist. Je trostloser das Hier und Heute, um so verlockender ist es, ein glänzendes, heiliges Morgen zu beschwören.

Diese Erfahrung ist nicht neu. So war es zu allen Zeiten, und so können wir es in diesen Zeiten in allen Spielarten ebenfalls erleben. Heilslehren und -bringer, Erlösungsversprechen und -methoden, Zuversichtspropheten und »Positiv denken«-Programme haben Konjunktur: Komm zu uns, und Deine Probleme sind gelöst, Deine Fragen beantwortet, Deine Sorgen genommen! Folge mir, und Du wirst ein anderer Mensch! Glaube mir, und es wird Dir besser gehen! Praktiziere unsere Methode, und Du wirst Dein Heil erleben!

»Siehe, jetzt ist die Zeit der Gnade, siehe, jetzt ist der Tag des Heils.« Du mußt es nur wollen, annehmen, Dich darauf einlassen. Die Welt wird besser, wir haben die Formel, und Du kannst dabei sein, mitmachen, profitieren …

Unser Wochenspruch steht im 2. Korintherbrief, aber er hat eine Vorgeschichte, auf die er sich bezieht und die er zitiert: Bei (Deutero)Jesaja, im 49. Kapitel, sagt der Prophet den in Babylon im Exil lebenden Juden – in Gestalt einer merkwürdigen Figur, des »Gottesknechtes«, einer fiktiven Erlösergestalt:

»Ich habe dich erhört zur *Zeit der Gnade* und habe dir am *Tag des Heils* geholfen und habe dich behütet und zum Bund für das Volk bestellt, daß du das Land aufrichtest und das verwüstete Erbe zuteilst, zu sagen den Gefangenen: Geht heraus!, und zu denen in der Finsternis: Kommt hervor! Am Wege werden Sie weiden und auf allen kahlen Höhen ihre Weiden haben. Sie werden weder hungern noch dürsten, sie wird weder Hitze noch Sonne stechen; denn ihr Erbarmen wird sie führen und sie an die Wasserquellen leiten.« (Jes 49,8–10)

Ein großes Wort, ein mutiges Versprechen in einer doppelten Krisenzeit: Die Angeredeten leben seit zwei Generationen im Exil, fern der Heimat, entwurzelt, als Fremde, als Minderheit, immer im Zweifel, ob sie Rettung erfahren und Heimkehr erleben werden. Neben diese Ungewißheit tritt eine zweite: Der Stern Nebukadnezars sinkt, die Macht Babylons gerät ins Wanken unter dem Eindruck des Erstarkens des persischen Reiches und seines Königs Kyrus. Was soll werden aus dem Häufchen Elend jüdischer Gefangener in Babylon? Welche Zukunft haben sie? Werden sie zerrieben zwischen den Machtinteressen und -spielen der Mächtigen? Der Prophet – ein Krisengewinnler? Das in so schöne Kleider gekleidete Versprechen der Rettung – ein frühes Beispiel für »positives Denken«? Man könnte es meinen, wenn da nicht der kleine, aber feine Unterschied wäre: Der Prophet spricht nicht für sich, sondern für Gott, dessen Zusagen nicht »das Blaue vom Himmel« sind, gewissermaßen aus der Luft gegriffen, sondern eine Vorgeschichte haben, die man kennt und an die man sich erinnern kann. Es ist die Vorgeschichte jenes Bundes, den er mit seinem Volk eingegangen ist, und es ist die Vorgeschichte seiner gehaltenen Verheißungen und seiner eingetroffenen Vorhersagen. An diesem Maßstab gemessen, ist sein Rettungsversprechen nicht Durchhalte- und Zuversichtspropaganda, sondern die Kontinuität der Erinnerung. Das ist alles andere als Nostalgie. Das ist »Verwurzelung nach vorn«, Vergewisserung – nicht Vertröstung, Bestärkung – nicht Versprechen.

Hier knüpft Paulus an, wenn er in seinem 2. Brief an die zerstrittene Gemeinde in Korinth schreibt:

»Als Mitarbeiter aber ermahnen wir euch, daß ihr die Gnade Gottes nicht vergeblich empfangt. Denn er spricht (Jesaja 49,8): Ich habe dich zur Zeit der Gnade erhört und habe dir am Tag des Heils geholfen. Siehe, jetzt ist die Zeit der Gnade, siehe, jetzt ist der Tag des Heils!«

Krisen in der Gemeinde, Zerstrittenheit, Polemik, unterschiedliche Fraktionen, Zweifel daran, daß Paulus Apostel sei, mißlungene Vermittlungsversuche, Endzeitstimmung... Und dann, in diese Konstellation hinein, fast trotzig,die Behauptung: »*Jetzt* ist die Zeit der Gnade, *jetzt* ist der Tag des Heils!«

Ich denke, Sie spüren den Unterschied! Das ist kein Zweckoptimismus, keine Vertröstung auf kommende bessere Zeiten, kein frühchristliches »Think big«-Programm. Die Krise ist nicht Zeit und Beleg für Gottes Abwesenheit. Unruhige, ungewisse, umstrittene Zeiten sind nicht »gott-los«. In ihnen ist Gott anders anwesend, spricht er, wirkt er, zeigt er sich anders. Er spricht kein »Machtwort«, er verspricht nicht »das Blaue vom Himmel« herab, er entwirft kein rosige(re)s Morgen. Er stärkt Menschen heute, im Hier und Jetzt, er macht sie »krisenfest«, aber auf andere Weise als die zeitgenössischen Krisenpropheten und Heilsbringer. Daß die Zeiten schlecht und schwierig sind, spricht nicht gegen Gott. Im Gegenteil: In ihnen zeigt und bewährt sich seine Gnade – aber eben anders, als wir zu glauben geneigt sind.

Amen.

Lieder: Herr, der du vormals hast dein Land (EG 283)
Der Himme, der ist (EG 153)
Psalm: 85
Gebet: Gott allen Lebens, Du weckst Sehnsucht
nach Erneuerung unserer Welt,
nach Frieden und nach Leben in Deinem Geist.
Laß uns erkennen,
wo Dein Reich heute schon unter uns ist,
damit wir ermutigt werden,
Zeichen Deiner Zukunft zu setzen und auf
Dein Heil für unsere Erde zu warten.

Ulrich Kämmerer

VORLETZTER SONNTAG IM KIRCHENJAHR

Wir müssen alle offenbar werden vor dem Richterstuhl Christi. (2. Korinther 5,10)

Dieses Bibelwort paßt gut in die stille Zeit zwischen dem Volkstrauertag und Totensonntag. Es widerspricht allerdings unserem sonstigen Lebensgefühl. Wir lieben positive, lockere, optimistische Sprüche, bunte Farben und junge Menschen. Das kann man täglich an den Werbespots im Fernsehen sehen. »... offenbar werden wir vor dem Richterstuhl Christi?« – das ist eine andere Welt, eine vergangene Welt.

Vorausgesetzt ist, daß der Tod eine wirksame Macht ist.

Vorausgesetzt ist, daß mit dem Tod nicht alles aus ist.

Vorausgesetzt ist, daß es nicht gleichgültig ist, wie wir unser Leben leben.

Vorausgesetzt ist, daß über unser Leben ein Urteil gesprochen wird.

Früher konnte ich mit solchen Worten nichts anfangen. Ich hatte gelernt: Der christliche Glaube hat mit dem Diesseits zu tun, nicht mit dem Jenseits. Die Aussagen der Bibel sind auf das hier und heute gerichtet, nicht auf das einst und dann.

Inzwischen sehe ich das etwas anders. Das hat sicher mit dem Älterwerden zu tun und mit der Erfahrung, das Sterben der älteren Generation meiner Familie erlebt zu haben. Ich weiß inzwischen: Der Tod macht eigentlich erst so recht deutlich, wie schön das Leben ist. Der Herbst, so sagen viele, hat die schönsten Farben. Der Tod verschärft die Frage, wie wir unser Leben führen und wofür wir unsere Kräfte einsetzen. Wie gehen wir mit unseren Familien, mit unseren Freunden und Freundinnen um?

In der Bibel gibt es viele Stellen, die melancholisch und schwermütig von der Vergänglichkeit menschlichen Lebens sprechen. »Ein Mensch ist in seinem Leben wie Gras. Er lebt wie eine Blume auf dem Feld, wenn der Wind vorübergeht, so ist sie nimmer da, und ihre Stätte kennet sie nicht mehr.«

Unser Wochenspruch spricht nun nicht einfach vom Tod, vielmehr vom Offenbarwerden vor dem Richterstuhl Christi.

Das hört sich in gewisser Weise noch schlimmer an. Aber mit dem Richterstuhl ist nicht die Inquisition gemeint. Es ist auch nicht vom unerbittlichen Auge des Gesetzes die Rede. Kein Rächer oder Lawman ist angesagt. Der Christus, der die Kleinen und Schwachen liebte, begegnet uns. Er, der von seinen Freunden verlassen wurde und ihnen später doch erneut seine Freundschaft anbietet, kommt auf uns zu.

Ich habe noch nie vor einem Gericht gestanden. Aber ich stelle mir vor: Es muß ein gutes, beruhigendes Gefühl sein zu wissen, daß man nicht Willkür und Ungesetzlichkeit ausgeliefert ist, sondern daß man dort einen Freund trifft. » ... Wir müssen alle offenbar werden vor dem Richterstuhl Christi.«

Ich sagte eingangs, dieses Wort passe nicht so richtig in den Stil unserer Zeit. Es ist wohl auch kein Wort für jeden Tag und jede Situation. Andererseits erlebt jeder / jede von uns Momente, wo Weichen für die Zukunft gestellt werden, wo wir Leid und Tod begegnen, wo wir darunter leiden, daß das Leben so schnell dahinfließt. Das Wort aus dem 2. Korintherbrief ist ein Wort für solche Stunden oder Augenblicke des Einhaltens und des Erschreckens. Es versichert uns, daß unsere Zukunft uns nicht ins Nichts, sondern in die Gegenwart Christi führt.

Philipp Melanchthon hat wenige Tage vor seinem Tod geschrieben, warum man den Tod nicht fürchten muß:

»Du wirst von der Sünde loskommen.
Du wirst von der Trübsal befreit.
Du wirst zum Licht gelangen.
Du wirst Gott sehen.
Du wirst den Sohn Gottes schauen.«
Amen.

Lieder: In dir ist Freude (EG 398)
Aus der Tiefe rufe ich zu dir (EG 655)
Psalm: 143
Gebet: Bleibe bei uns Herr,
denn es will Abend werden,
und der Tag hat sich geneigt.
Bleibe bei uns
am Abend des Tages,

am Abend des Lebens,
am Abend der Welt.
Bleibe bei uns
und bei allen Deinen Gläubigen,
in Zeit und Ewigkeit.
Amen. (Wilhelm Löhe)

Christoph Berthold

BUSS- UND BETTAG

Gerechtigkeit erhöht ein Volk, aber die Sünde ist der Leute Verderben. (Sprüche 14, 34)

Philip ist 26, und er hat es geschafft. Er hat seine erste Million zusammen. Von seinen Eltern hat er 200.000,– DM geerbt, den Rest hat er durch geschickte Spekulationen an der Börse zusammengebracht. Seit vier Jahren lebt Philip in Frankfurt, er ist Broker und sitzt täglich zehn Stunden ohne Pause im großen Handelssaal einer Investmentbank. Über Monitore ist er mit allen wichtigen Börsenplätzen dieser Welt verbunden: New York, Tokio, London, Singapur und so weiter. Zehn Stunden vollste Aufmerksamkeit. Viel Freizeit bleibt ihm nicht. Und auch abends und am Wochenende mit seiner Freundin kreisen die Gespräche immer wieder um Aktienkurse, Anlagefonds und Renditen.

Seit einigen Jahren grassiert in Deutschland das Börsenfieber. Aktien versprechen schnelleren Gewinn als Sparkonten. An den Börsenplätzen wechseln täglich Währungsbestände im Wert von 1,4 Billionen Dollar den Besitzer. Da gilt es, dabei zu sein, ein Schnäppchen zu machen. Schnell reich werden, ohne große Anstrengung reich werden: Darum geht es!

Frank ist 17, und er wird es wohl nicht mehr schaffen. Von seinen Eltern erbt er nichts. Sein Vater ist schon lange weg, seine Mutter hat ihn und seine beiden Geschwister allein großgezogen. Immer war das Geld knapp, immer war der Kühlschrank leer, immer war es zu eng in der Wohnung, immer gab es Streit und Geschrei. Die Hauptschule hat er nicht abgeschlossen, die Lehre hat er nach einem Jahr abgebrochen, weil ihm ein Freund einen Job in einer Spielhalle besorgte. Doch jetzt steht er vor Gericht: Zusammen mit einigen Kumpanen hat er Autos geknackt.

Armut führt nicht zwangsläufig zu Kriminalität. Doch gerade Jugendliche, die frustriert zuschauen müssen, wie andere sich scheinbar alles leisten können, nehmen sich nicht selten mit Gewalt, was sie sich nicht kaufen können.

»Gerechtigkeit erhöht ein Volk, aber die Sünde ist der Leute Verderben.«

Ein tiefer Riß geht durch unsere Gesellschaft. Es hat immer Arme und Reiche gegeben, aber die soziale Schere ist in den letzten 50 Jahren in Deutschland noch nie so weit auseinandergegangen. Noch nie mußten so viele Menschen von Sozialhilfe leben, noch nie lebten so viele ohne Wohnung auf der Straße, noch nie hatten wir nach dem Krieg eine so hohe Zahl von Arbeitslosen. Am härtesten trifft es die Kinder! Kinder sind zu einem Armutsrisiko geworden. Über 500.000 wohnen in Obdachlosensiedlungen, mehr als zwei Millionen leben in Armut. Das sind zunächst Zahlen, aber jede Zahl hat einen Namen. In einem Brief an den Münchener Oberbürgermeister schrieb eine Frau: »Herr Oberbürgermeister, arm zu sein unter Armen, das kann man ja ertragen, aber arm zu sein unter protzerhaftem Reichtum, das ist unerträglich.«

Denn in der gleichen Zeit hat sich der Reichtum in Deutschland explosionsartig vermehrt. Ein Prozent der Bevölkerung besitzt ein Viertel des gesamten Vermögens der Bundesrepublik. 950.000 Haushalte verfügen inzwischen über ein Millionen-Vermögen. Auf den Konten, Sparbüchern und Wertpapierdepots liegen fast 5 Billionen Mark, und jährlich kommen 250 Milliarden hinzu. Vor allem aber hat sich die Einstellung verändert: Reich sein belastet das Gewissen nicht mehr – Geld rechtfertigt alles. Da mögen zwei Millionen Kinder arm sein – doch Autoaufkleber zeigen an, was man davon hält: »Eure Armut kotzt uns an!«

Es hat immer Arme und Reiche gegeben, aber noch nie spielte Gerechtigkeit in der deutschen Gesellschaft eine so geringe Rolle.

»Gerechtigkeit erhöht ein Volk.« Deutschland ist eines der reichsten Länder der Erde: Exportnation Nr. 2 in der Welt, die stärkste wirtschaftliche Kraft in Europa. Allein in Nordrhein-Westfalen fahren so viele Autos wie in ganz Afrika. Und bei den Goldreserven werden wir nur von den Amerikanern übertroffen. – Auf der UNO-Rangliste für soziale Lebensqualität aber ist Deutschland auf den 19. Platz zurückgefallen. In Sachen Kinderfreundlichkeit, Bildungschancen, Arbeitslosigkeit und Lebenserwartung nimmt Deutschland in Westeuropa einen Platz im unteren Mittelfeld ein.

»Gerechtigkeit erhöht ein Volk«, sagt die Bibel – und nicht

die Zahl der Aktionäre, der Anlageberater und der Autobahnen.

Gerechtigkeit ist ein Hauptwort in der Bibel. Ja, vielleicht sogar so etwas wie der roten Faden zumindest in der Hebräischen Bibel, dem Alten Testament. Denn Gott ist gerecht, aber das meint in der Bibel nicht: Er ist unparteiisch. Nein, Gott ist gerecht, indem er sich auf die Seite der Armen und Rechtlosen stellt. Er kann es nicht ausstehen, wenn Menschen betrogen und gedemütigt werden. Dann leidet das ganze Land. Kein Frieden im Land ohne Gerechtigkeit.

»Gerechtigkeit erhöht ein Volk, aber die Sünde ist der Leute Verderben« – dieses Bibelwort aus den Sprüchen Salomos ist seit eh mit dem Buß- und Bettag verbunden. Bußtage gab es schon in der Bibel, als Einkehr- und Fastentage nach erlittenem Unglück. Der erste evangelische Bußtag fand 1532 in Straßburg wegen der damaligen »Türkengefahr« statt. Im Dreißigjährigen Krieg ordneten die Landesfürsten »Landesbußtage« an. Später fanden Bußtage nach schlechten Ernten oder Unwettern statt. Ende des letzten Jahrhunderts wurde der Buß- und Bettag auf den Mittwoch vor Totensonntag festgesetzt. Über 2000 Jahre lang gab es Bußtage als öffentliche Zeichen, daß wir Menschen Besinnung und Umkehr nötig haben. 1995 wurde der Buß- und Bettag abgeschafft, um die Pflegeversicherung zu finanzieren und der Wirtschaft entgegenzukommen.

Machen wir uns nichts vor, der Tag paßte nicht mehr in die Landschaft. »Unterhaltung« ist angesagt und »Geld verdienen«, wer redet da noch von Buße, von Schuld oder von Sünde? Worte, die aus der Mode gekommen sind. Sollte die Kirche nicht vielleicht auch besser aufhören, davon zu reden? Sie kann es gar nicht, jedenfalls solange sie an die Bibel gebunden ist. Wenn die Kirche aufhört, Betrug, Bereicherung und Ungerechtigkeit als Sünde zu bezeichnen, dann macht sie sich selbst überflüssig.

Amen.

Lieder: Aus tiefer Not laßt uns zu Gott (EG 144)
Sonne der Gerechtigkeit (EG 263)
Psalm: 146

Gebet: Gott, bei uns muß keiner verhungern, aber es gibt in diesem Land mehr Ungerechtigkeit, als man glaubt. So viel Reichtum – und so viele Menschen ohne Arbeit. Immer mehr große Autos – und immer mehr Straßenkinder ohne ein Zuhause. Immer größere Reisen: Südsee, Südafrika, Australien – und so viele Familien mit Kindern, die sich nichts mehr leisten können. Du, Gott, bist ein Gott der Gerechtigkeit! Du willst nicht, daß wir uns an das Unrecht gewöhnen. Mach uns mutig, Unrecht beim Namen zu nennen und ihm entgegenzutreten, wo immer wir ihm begegnen.
Amen.

Hans-Martin Lübking

EWIGKEITSSONNTAG

Laßt eure Lenden umgürtet sein und eure Lichter brennen. (Lukas 12, 35)

»Rufbereitschaft« heißt das im Krankenhaus und bei der Nachtapotheke, bei Polizei und Feuerwehr, auch bei der Telefonseelsorge. Immer geht es darum, sofort aufbrechen zu können, da zu sein, um die Gefahr zu bannen, um Leben zu retten, um Hilfe zu leisten. Immer geht es darum, dem Unglück und der Katastrophe zu begegnen. Ganz anders bei der Rufbereitschaft, zu der uns Jesus Christus aufruft. Hier gilt's, dem Glück und der Seligkeit zu begegnen, da zu sein, wenn das Fest beginnt. Vielleicht meinen wir, dies beides hätte nun wirklich nichts miteinander zu tun. Aber in beiden Situationen gilt es, wach zu sein, voll und ganz bei der Sache, mit Kopf und Herz und Hand, mit dem ganzen Menschen, vorbereitet und fit. Die Sportler sagen und zeigen, wie wichtig das ist, bei einem Wettkampf »mental gut drauf« zu sein. Dafür gibt es freilich einen festen Termin. Das ist hier anders. Die Überraschung gibt die eigentümliche Farbe. Bin ich bereit? Sind Sie bereit? Erkennen wir das Glück, wenn es uns begegnet?

Am frühen Morgen leuchtet eine neue Blume auf der Fensterbank. Unterwegs trifft uns ein freundlicher Blick. Bei der Arbeit will jemand von seinem schönen Wochenende erzählen. Die Kinder treten ins Eis der überfrorenen Pfützen. Die Frau hat sich eine neue Bluse gekauft und hofft, daß der Mann sie sieht und sich mitfreut. Ein Autofahrer hält an, nickt mir zu und läßt mich über die Straße. Die Verkäuferin tauscht ungefragt eine verdorbene Orange gegen eine gute aus. Ein kleines Mädchen zeigt seiner Mutter das Fabeltier am Himmel – die hatte zuvor nur eine Wolke gesehen. Der Busfahrer hält noch einmal, um einen atemlosen Fahrgast doch mitzunehmen ... Der Bilderbogen des kleinen Glücks umgibt uns in einer großartigen Fülle. Nur wir sind oft so abgespannt, so »zu«, daß wir's nicht wahrnehmen. Und wenn wir selber von unseren Erfahrungen des kleinen Glücks berichten wollen, verstummen wir oft rasch, weil der Mensch, mit dem wir reden, dafür kein Gespür, kein Auge, keine Mitfreude hat. Vielleicht leiden wir mehr als am Unglück am ungelebten Glück. Und das eben beschädigt uns, beschädigt unsere Rufbereitschaft für das Glück.

Daß die Christen eigentlich viel erlöster aussehen müßten, als sie es in der Wirklichkeit tun – das ist ja nicht nur Häme eines kritischen Philosophen und seiner Nachredner. Das ist auch echte Trauer, die wir mit unserer verkümmerten und kümmerlichen Glücksbereitschaft befördern. Weil Gott kommt, weil Jesus Christus zum Gericht kommt, darum können wir auch dem kleinen Glück trauen und uns jeden Tag daran freuen. Weil das Weltgericht immer so drohend daherkommt, will ich – fast leichtfertig – Ihnen ein »Teekesselchen« anbieten. Sie kennen das Spiel? Ein Wort mit zwei Bedeutungen. Da ist auf der einen Seite eben das Weltgericht mit Tod und Verdammnis für die Verlorenen.

Da sehe ich auf der anderen Seite Jesus, wie er mit Zöllnern und Sündern und sonstwem zusammensitzt – und da denke ich an das Gericht, das auf dem Tisch steht, bekömmlich und gesellig, wieder für die Verlorenen. So kommt es dann auch, daß ich mir Jesus eher mit der Mütze des Kochs als mit dem Hut des Richters vorstellen kann – befremdlich genug ist beides.

Aber ganz vertraut ist mir, daß Jesus Christus gekommen ist und wieder kommen wird, »nicht um die Welt zu richten, sondern um die Welt zu retten« (Johannes 3,17), nicht um die Welt und die Menschen hinzurichten, sondern um uns und diese vergehende Welt herzurichten zum Leben. Dieses Vertrauen macht lebensbereit, glücksbereit. Dieses Glück zieht uns an, »gürtet unsere Lenden« – wie es so einprägsam und altväterlich heißt. Dieses Glück erhellt unseren Weg, läßt »unsere Lichter brennen«. Die tägliche Übung darin soll uns jeden Tag gelingen. Denn in unserem Kalender ist immer heute der »jüngste Tag«.

Amen.

Lieder: Wir warten dein, o Gottes Sohn (EG 152)
Seht, das Brot, das wir hier teilen (EG 226)
Psalm: 126

Gebet: Jesus Christus, Du richtest her zum Leben. Mach uns heute bereit, uns darüber zu freuen. Wecke unser Herz für jede Spur des Heils, damit Dein Licht für alle Menschen leuchtet – auch in unserem täglichen Leben.
Amen.

Gerd Lautner

TOTENSONNTAG

Herr, lehre uns bedenken, daß wir sterben müssen, auf daß wir klug werden. (Psalm 90,12)

Es gibt jene Art von alter Klugheit, die sich selbst in ihren Hoffnungen zurücknimmt, damit Enttäuschungen nicht zu groß werden, gebremster Übermut, um das Ende erträglich zu halten, Einschwingen auf stoische Lebenssicht. Wenn im alten Rom ein strahlender Held irgendeines Krieges im Triumphzug durch die jubelnde Menge ziehen durfte, hatte er den staatlich vorgeschriebenen Rufer an der Seite, der ihm das »memento mori – auch du wirst sterben« immer wieder zurief. In dieser Art Klugheit redet der 90. Psalm nicht.

Jedes Leben trägt seine Grenze in sich, und das Sterben gehört mit zu ihm: darin stimmen Psalmen und christlicher Glaube mit dem Realismus aller Zeiten überein; aber auch das gehört für den Glauben zum Leben, daß Gott jedes Leben zu sich zurückruft, so wie es seinen Ausgang und seinen Beginn in ihm hat.

Die Bitte des Psalms tut gut, das Leben in seiner Schönheit und Fülle zu sehen, und es zugleich mit seinen Lasten und Grenzen bis hin zum Tod zu verstehen; es leben zu können in dem, was es an Gutem und Glücklichem gibt, und auch dabei nicht die Frage zu verlieren nach dem Woher und Warum.

Gut tut es, begreifen und glauben zu können, daß kein Leben eines Menschen und keine einzelne Station in ihm allein ist und isoliert für sich; begreifen und glauben zu können, daß jeder zu anderen gehört und Gott alle umschließt. Keine Momente meines Lebens sind ohne Gott, weder die langsamen und dunklen, noch die, die mir so schnell durch die Finger gleiten, daß ich sie nicht festzuhalten vermag. Denn jede Zeit kommt von ihm, der vor aller Zeit war. Was mir unauslotbar erscheint oder verschlossen, hat genauso wie alles Helle und Klare seinen Grund in ihm, der alles geschaffen hat.

Ich kann mein Leben sehen, so wie es zunimmt, wächst, sich entwickelt, wie es Dauer hat und dann abnimmt und schwindet. Ich kann darüber traurig werden und in Angst geraten.

Und ich kann mein Leben sehen wie mit dem Bild vom Gras, das in der Frühe blüht, das schön ist, jeder einzelne seiner Halme, das Tau trägt und dem Wind standhält, das welk wird und gelb und zergeht, und dessen Zeit doch zu Gott gehört und bei ihm bewahrt bleibt. Ich kann darüber getröstet sein, gelöst und geborgen.

Mein Leben, die Zeit, die ich habe, vergeht und ist begrenzt; das weiß ich, egal ob ich versuche, mich davor zu drücken oder es mir klar zu machen. Sie ist begrenzt, aber sie versandet nicht spurlos. Nicht der Tod steht am Ende des Sterbens, sondern Gottes eigene Liebe, die so unbegrenzt ist, wie er selbst.

Wer mit dem Psalm um die Klugheit bittet, das Ganze zu sehen, mein Leben in seinem Anfang und mit seinem Ende, in seinem Grund und mit seinem Ziel, der bittet nicht um ein kluges Verhalten; er bittet nicht um Mäßigung, weil doch einmal alles zu Ende ist, und er bittet nicht für ein positives Lebenskonto vor Gottes Gericht.

Wer mit dem Psalm spricht, »Herr, lehre uns bedenken, daß wir sterben müssen, auf daß wir klug werden«, der bittet darum, die Unglaublichkeit der Auferstehung zu begreifen und glauben zu können, daß durch Gottes Liebe seit Kreuz und Auferstehung von Jesus Christus mein Leben und Gottes Ewigkeit zusammengehören und nicht zu trennen sind. Er bittet, in dieser Gewißheit leben zu können.

Amen.

Lieder: Wachet auf, ruft uns die Stimme (EG 147)
Der Himmel, der ist (EG 153)

Psalm: 90

Gebet: Ewigkeit, Herr, gehört zu Dir,
wie zu uns die meßbare Zeit.
Das bricht die Grenze auf: Dein Leben unter uns.
Du hast Dein Leben mit uns geteilt, so können wir unseres teilen mit denen, die mit uns leben.
Ungeteilt sind wir bei Dir, jetzt schon wie dann.
Amen.

Detlef Reichert